巴渝风·乡土情

科创巴渝
上册

——主题特色实践教育课程资源学习指南

主 编　苏建新　陈　玲　杨伟斌

重庆大学出版社

图书在版编目（CIP）数据

巴渝风·乡土情：主题特色实践教育课程资源学习指南. 上册，科创巴渝 / 苏建新，陈玲，杨伟斌主编 . -- 重庆：重庆大学出版社，2021.7
ISBN 978-7-5689-2899-1

Ⅰ.①巴… Ⅱ.①苏… ②陈… ③杨… Ⅲ.①活动课程—中小学—教学参考资料 Ⅳ.①G632.3

中国版本图书馆CIP数据核字（2021）第146015号

巴渝风·乡土情——主题特色实践教育课程资源学习指南（上册）：科创巴渝

BAYUFENG·XIANGTUQING——ZHUTI TESE SHIJIAN JIAOYU KECHENG ZIYUAN XUEXI ZHINAN（SHANGCE）：KECHUANG BAYU

主　编　苏建新　陈　玲　杨伟斌
策划编辑：唐启秀
责任编辑：唐学青　　　　　版式设计：唐启秀
责任校对：刘志刚　关德强　责任印制：张　策
＊
重庆大学出版社出版发行
出版人：饶帮华
社址：重庆市沙坪坝区大学城西路21号
邮编：401331
电话：（023）88617190　88617185（中小学）
传真：（023）88617186　88617166
网址：http://www.cqup.com.cn
邮箱：fxk@cqup.com.cn（营销中心）
全国新华书店经销
印刷：重庆五洲海斯特印务有限公司
＊
开本：720mm×1020mm　1/16　总印张：14　字数：217千
2021年7月第1版　　2021年7月第1次印刷
ISBN 978-7-5689-2899-1　定价：88.00元（上下册）

本书编委会

顾问 / 指导：罗生全

主　编：苏建新　陈　玲　杨伟斌

副主编：鲜王艳　邓常梅　刘莹云

编　委：杨　泓　沈　锐　秦光勇　刘谦颖
　　　　　夏丽琼　贺晓明　王　端　茹妮妮

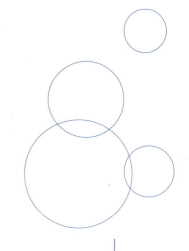

青少年是祖国未来的建设者，是我国社会主义事业的接班人。他们的综合素质如何，直接关系国家前途和民族命运。高度关注青少年思想道德建设，进一步深化以发展学生创新精神和实践能力为重点的素质教育，已成为我国基础教育改革与发展的重要使命。引导学生在社会生活中学会处理人与自然、人与社会、人与自我的基本关系，发展学生的科学精神与创新意识、信息素养与技术意识、劳动观念与动手能力，培养学生的社会责任感和参与社会实践的能力等，是新时代赋予素质教育的重要使命。为促进素质教育目标的实现，巴南特色主题课程应运而生，以期实现课程育人。

一、巴南特色主题课程的开发背景

（一）打破学科知识桎梏，回应跨学科学习要求

2017年8月教育部印发《中小学德育工作指南》，其明确提出在坚持"课程育人"目标的同时，要积极推进"文化育人""活动育人"和"实践育人"。同年9月《中小学综合实践活动课程指导纲要》发布，国家要求通过参与主动实践和开放生成的学科课程，提升学生的核心素养。巴南区在综合实践活动课程的开发过程中发现，综合实践活动课程的开设不仅需要活动支撑，还需要依托学科教学实现活动课程

化。因此，在规划巴南特色主题课程时，将充分挖掘巴南地区特有的历史文化、科技工艺、民族精神、地理资源等，以期突破单一的学科知识，充分整合物理、数学、美术、语文、历史、劳动等具体学科课程，形成系统科学的特色课程序列。

（二）贯彻落实教育方针，促进优秀传统文化进课程

2014年教育部印发《完善中华优秀传统文化教育指导纲要》，明确要求"分学段有序推进中华优秀传统文化教育，把中华优秀传统文化教育系统融入课程和教材体系"。2017年《关于实施中华优秀传统文化传承发展工程的意见》出台，国家就如何实现中华优秀传统文化传承发展提出了具体要求和指导。党的十九大报告也进一步强调"推动中华优秀传统文化创造性转化、创新性发展"，由此看出如何推进中华优秀传统文化进学校、进课程、进教材就变得尤为重要。为全面贯彻党的教育方针，落实立德树人的根本任务，推进素质教育，通过课程培养青少年的实践能力、创新精神和劳动习惯，根植热爱家乡、关注家乡发展的家国情怀，树立正确的人生观、价值观和世界观等，力求实现优秀传统文化的传承与发展。巴南区在其历史沿革、社会文化和地区发展中，早已深植优秀传统文化的基因，当前为彰显本区"宜学巴南，品质教育"的理念，将以巴南区特有的历史文化、科技工艺等为基础，着力开发《文创巴渝》《科创巴渝》等各具特色的主题课程，以此完善巴南区基础教育课程体系，为地方特色文化与课程的融创奠定基础。

（三）坚持以学生为本，满足学生多元发展需要

巴南特色主题课程的开发，既是对地方课程序列的补充，也有意为校本课程的开发提供示范，旨在更好地践行课程育

人的使命，从根本上满足学生全面发展、个性化发展、学习发展等要求，从而促进学生自我价值的实现。巴南特色主题课程，一方面是要为学生提供多样的学习资源或材料，为每一个学生个性的充分发展提供支持。每一个学生的个性发展都具有独特性、具体性，每一个学生都有自己的发展需要、兴趣或特长，也有自己的认知方式或学习方式，他们的发展不仅仅是通过书本知识的学习。因此，在巴南特色主题课程的设计与实施中，有意克服书本知识、课堂、教材等带来的局限，引导学生在社会生活中学习，在实践中发展。另一方面，协同师生共同解决社会新问题。当今社会迅猛发展，产生了一系列新问题，如环境问题、道德问题、国际理解问题、信息科技问题等，这些问题都具有跨学科性，开发巴南特色主题课程，就是想以此为媒介，打开学生的问题视角，引导学生参与社会现实问题的解决与研究。

二、巴南特色主题课程的课程特性

巴南特色主题课程是从学生真实生活和发展需要出发，将从生活情境中发现的问题转化为活动主题，通过探究、服务、制作、体验等方式，培养学生综合素质的跨学科实践性课程。

（一）实践性

实践性是巴南特色主题课程区别于其他学科课程的最大特点。将其定位为综合实践活动课程类别，主要基于"做中学，学中做"的理念，帮助学生通过课程学习促进自身经验增长和能力提升，培养优秀的实践品质。当然，实践能力不是通过单一的课堂教学或教材知识来获得，而是通过鼓励学生自主参与不同的实践活动，自主运用多样的学习方式方法，在解决现实生活问题中获得。因此，本课程设计了大量学习活动，力求使学生在操作、体验、探究和解决问题的过程中，促进直接经验和间接经验的有机结合。超越单一的课堂知识教学模式，从传统的接受式学习转向发现式学习，从被动学习的状态转变为主动学习的状态，逐渐能在做中学，并自觉树立终身学习的意识。

（二）生活性

巴南特色主题课程设计的生活性，体现在以学生解决真实生活情境中的问题为目的，强调课程是面向学生的，是面向学生生活的。从根本上来说它主要是为学生现实生活和未来生活作准备。因此，在选择巴南特色主题课程内容的时候，主要以生活性为原则，所选课程资源或学习材料都与巴南区历史、社会发展或未来发展相关，设计的三大特色主题课程都有着明确的育人指向。如《文创巴渝》重在促进学生与社会现实的联结，指向当下生活情境；《科创巴渝》重在密切学生与智能社会的关系，指向技术化的生活场景，以期增强学生的现实参与感、技术参与感、历史参与感等，打破传统课程与生活相脱离的局限性，使学生把课程中所学的知识和技能运用到生活中，实现巴渝精神的传承与践行。

（三）综合性

归属为综合实践活动课程序列的巴南特色主题课程，力求突破传统学科课程的桎梏，打破学科中心、知识中心或课堂中心，主张学生中心、学习中心的理念，主要形成了一种跨学科和交叉学科的课程视域。因此，巴南特色课程并不是一门单一的课程，而是由《文创巴渝》《科创巴渝》等共同构成，实现了多门课程的综合；倡导主题化课程，即一类主题课程下包含多个活动主题，统整基础教育阶段形成不同的综合科目，如围绕《科创巴渝》这一主题课程就划分出穿科式吊脚楼、智慧伙伴、逆风行驶等活动主题，给学生提供了不同的学习资源和活动方案，在学习过程中要求学生运用语文、历史、数学、地理、物理、劳动、信息等相关学科的知识，掌握阅读与语言表达能力，搜集信息和分析信息能力，具备空间立体思维、合作与沟通能力，通过手脑并用的实践操作活动开发全脑思维，实现知识的内化和技能的掌握，打破学科知识之间的壁垒，发展学生的核心素养。

（四）发展性

巴南特色主题课程的发展性，根本指向了课程始终服务于学生全面发展与进步，学生发展将成为检验本课程的核心标准。因此，课程在设计时有意为学生留有自主发展空间，如在《文创巴渝》中每一个活动方案后附有学习单、活动设计单、学习评价表等，旨在让学生实现自我监督、自我评价；在每一个主题课程中弱化学科知识的传授，将其整合为活动内容，并补充大量扩展性学习资料。当然，所有活动方案、目标的设计、内容的筛选等，除了考量知识发展规律，充分考量了学生身心发展规律、认知规律以及学习规律，始终将学生定位为发展中的人，把学生视为自我发展的主体。

（五）多样性

我国是个多民族国家，民族多样性带来了文化的多样性，多种民族文化共生共荣，促进了和谐社会的建成。基于著名美学大师费孝通先生所构想的"各美其美，美人之美，美美与共，天下大同"之境，巴南特色主题课程基于本区独有的历史人文、民族精神、科技工艺等资源，在尊重和传承巴南地区民族文化的基础上，开发出多元文化课程，如在《文创巴渝》这一序列课程内，就具体开发了《家乡的茶》《巴文化物象研习》《中国古代智慧——榫卯》，聚焦了巴南的茶文化、巴文化、榫卯文化等，力求在展现巴南区多元文化的同时，让学生了解巴南、宣传巴南，保护这种文化多样性，从而实现人与自然、人与社会、人与人的和谐，并增强学生的文化认同感。

三、巴南特色主题课程的基本理念

巴南特色主题课程坚持育人为本的理念，全面贯彻党的教育方针，全面落实习近平总书记在全国教育大会上的讲话精神，弘扬优良传统，坚持教育与生产劳动、社会实践相结合，引导广大青少年热爱劳动、坚定理想信念，树立正确的人生观和价值观，引导学生深入理解和践行社会主义核心价值观，充分发挥中小学综合实践活动课程在立德树人中的重要作用。

（一）课程目标以培养学生核心素养为导向

巴南特色主题课程强调学生综合运用各学科知识，认识、分析和解决现实问题，提升综合素质，着力发展自身核心素养，特别是社会责任感、创新精神和实践能力，以适应快速变化的社会生活、职业世界和个人自主发展的需要，迎接信息时代和知识社会的挑战。

（二）课程开发面向学生的个体生活和社会生活

巴南特色主题课程面向学生完整的生活世界，引导学生从日常学习生活、社会生活或与大自然的接触中提出具有教育意义的活动主题，使学生获得关于自我、社会、自然的真实体验，建立学习与生活的有机联系，形成完满的生活经历、社会经历、学习经历等，从而能有效适应不断变化、发展的社会，成长为社会真正需要的人。

（三）课程实施注重学生主动实践和开放生成

巴南特色主题课程鼓励学生从自身成长需要出发，选择活动主题，主动参与并亲身经历实践过程，体验并践行价值信念。在实施过程中，强调随着活动的不断展开，学生在教师指导下能根据实际需要，对活动的目标与内容、组织与方法、过程与步骤等做出动态调整，使活动不断深化，能自主设计、组织开展各种相关的学习拓展活动，能真正参与到活动中去。

（四）课程评价主张多元评价和综合考察

巴南特色主题课程要求突出评价对学生的发展价值，充分肯定学生活动方式和问题解决策略的多样性，鼓励学生自我评价以及与同伴间的合作交流和经验分享。提倡多采用质性评价方式，避免将评价简化为分数或等级，同时辅以量化评价，为学生学习发展提供过程性监测数据。要将学生在综合实践活动中的各种表现和活动成果作为分析考察课程实施状况与学生发展状况的重要依据，对学生的活动过程和结果进行综合评价。此外，利用大数据分析等技术手段进行辅助性评价，有效收集学生学习、教师教学的过程性数据。

四、巴南特色主题课程的开发策略

（一）强化育人目标，提高巴南特色主题课程的科学性

巴南特色主题课程的开发以落实立德树人为根本任务，以促进学生核心素养的形成，实现学生学习发展和身心健康发展为目标，有效落实课程育人要求。一方面，应依据国家课程与地方课程要求，以具体化、系统化的形式构建巴南特色主题课程序列，同时注重课程系统构成要素，包括对课程理念、课程目标、课程内容、课程实施、课程评价等的思考，

将育人理念渗透于整个课程体系；另一方面，充分彰显学生的主体地位或身份，促进学生与自然、社会、现实生活的联系，突出课程为学生生活作准备的特性。

（二）发挥集体智慧，构建巴南特色主题课程开发团队

巴南特色主题课程的开发应集区域力量，共建一个专业化的课程开发团队。一是关照多主体诉求，从学生已有经验和发展需求出发，重视学校教师、学生、家长、社区人员等的课程需要，确保课程的合需性；二是力邀专家学者进行课程开发指导，从而获得专业的课程咨询服务，确保课程的科学性、系统性、合理性等；三是纳入教育行政管理团队，确保课程的合法性，以及整个课程系统的秩序化运行，力求建立起一个专业化、多元化的课程开发团队。

（三）挖掘巴南特色，以因地制宜的思路明确发展方向

古老而又美丽的巴南，不仅有灵秀的山水、丰饶的物产，还蕴涵着深厚的文化底蕴和工艺智慧。沧海桑田，历史变迁，许多名胜古迹令人瞩目，许多科技工艺令人敬佩，许多革命人物流传史册。因此，课程立足巴南，让学生从关注巴南革命文化、科技工艺、民族精神等开始，通过课堂教学、实践活动、调查探究、文化浸润等方式，让学生真正了解巴南文化、巴南精神、巴南未来，不断激励学生热爱祖国、热爱家乡，积极参与到建设国家、建设家乡的活动中去，实现自我身份的认同，为实现中华民族的伟大复兴不断奋斗。

（四）突出学生主体地位，引导学生自主发展

巴南特色主题课程强调一切从学生实际出发，将学生作为课程开发、课程实施、课程评价等的起点和终点，课程始终服务于学生的发展，凸显学生的主体地位和身份；尊重学生的兴趣、爱好和需要，顺应学生发展规律，充分激发学生在活动过程中的主动性和积极性。在课程实施过程中，以学生的直接经验或体验为基础，鼓励学生自主选择活动主题，积极开展活动，在活动中自主发展。

（五）指向过程性监测，构建发展性的课程评价体系

当前应尽快建立巴南特色主题课程评价体系，形成基于核心素养的课程评价。结合《基础教育课程改革纲要（试行）》，提出"建立促进学生全面发展的评价体系。评价不仅要关注学生的学业成绩，而且要发展学生多方面的潜能，了解学生发展中的需求，帮助学生认识自我、建立自信。发挥评价的教育功能，促进学生在原有水平上的发展"，基本勾勒了巴南特色主题课程评价体系要求，即聚焦发展性、过程性，坚决摒弃"唯分数""唯等级"，不给学生贴标签，不把学生分三六九等，重点发挥课程评价的诊断、反馈、激励、导向、总结等功能；丰富课程评价主体，让教师、家长、学生、社区人员等参与评价；形成指向核心素养的课程评价指标，包括创新意识、实践能力、合作交流、情感和价值观等；主推混合评价，根据评价目的交叉使用各类评价方法，包括过程评价、自我评价、师生互评、档案袋评价等，充分体现巴南特色主题课程评价体系的多元性。

五、巴南特色主题课程的设计思路

巴南特色主题课程因地制宜，充分挖掘巴南地区特有的教育资源，使其成为一门面向全体学生，融伦理道德、历史文化、心理健康、民族传统、信息技术知识等在内的、多学科知识交融于一体的综合实践活动课程。在课程实施过程中，主要以综合性学习、合作学习、活动学习等方式展开，淡化

教师的单向度授受，重视学生的参观、访问、调查等实践体验活动，帮助学生在活动中逐渐学会学习、学会合作、学会收集信息、学会处理信息，并且在活动中体验情感，养成良好的学习态度，使个人综合素养得到提升。据此，形成了以下的课程设计思路。

（一）基于学生发展规律分学段规划课程框架

参照学生身心发展的阶段特征、年龄特征、认知特征、学习特征等，本课程分设小学阶段和中学阶段，并按照两个学段学生已有学习经验和认知水平，分别制订课程目标、规划课程内容、选择课程实施方式、编制课程评价方案，从而形成依次递进、前后衔接的课程结构。

（二）依从四个维度制订课程目标

本课程依据学生身心发展规律和课程设置目的制订出总目标，重点指向价值体认、责任担当、问题解决、创意物化四个维度；根据课程总目标，围绕四个维度设置学段具体目标；明确每一类课程活动的活动目标，充分体现课程设计的科学性、系统性、客观性和可行性。

（三）根据课程目标筛选课程内容

巴南特色主题课程是一个具有跨学科性质的综合实践活动课程，具体规划了《文创巴渝》《科创巴渝》等主题课程，力求体现巴南区域发展特色和巴南精神，确定了七条课程内容选择原则。

生活性原则：巴南特色主题课程内容来源于学生生活，选取学生现实生活所需、对未来发展有益的资源进行加工与改造，突出直观性和可操作性。课程内容的安排以学生个体为中心，将各项技能学习的范围由学生自身逐步扩大到家庭、学校、社区和社会。

整合性原则：巴南特色主题课程强调与其他课程相互配合，在保持基础性、通用性和渐进性的基础上，淡化学科界限，注重课程内容的综合性和学习材料呈现方式的多样性，加强与相关学科的联系，通过手脑结合的实践活动使学生获得直接经验和间接经验。

系统性原则：巴南特色主题课程遵循学生身心发展规律、认知和学习发展规律，课程内容的精细度从低年级到高年级技能逐步提高，由易到难、由简到繁，构建课程的内容体系。

多样性原则：巴南特色主题课程内容重在体现巴南地方特色，结合学生的生活背景和能力水平，既面向全体又兼顾差异；内容体现与时俱进，在习得对学生全面发展有益的技能的基础上，注重现代科技在生活中的应用，拓展学生视野，提升活动效能。课程内容分为基础性内容和拓展性内容两部分，基础性内容是学生生活必须掌握的内容，拓展性内容是为部分学生提升能力而提供的学习内容，可根据学校师资力量和学生实际能力水平选择实施。

实践性原则：巴南特色主题课程是一门实践性较强的学科，课程内容不仅来源于生活，还要求学生亲自动手操作和进行实际应用。课程内容兼顾知识学习和技能学习，并以技能学习为主，坚持知识讲解与生活实践相结合。

整合性原则：巴南特色主题课程的内容组织，结合学生发展的年龄特点和个性特征，以促进学生综合素质发展为核心，均衡考虑学生与自然的关系、学生与他人和社会的关系、学生与自我的关系这三个方面的内容。对活动主题的探究和体验，体现个人、社会、自然的内在联系，强化科技、艺术、道德等方面的内在整合。

　　连续性原则： 巴南特色主题课程的内容设计基于学生可持续发展的要求，设计长短期相结合的主题活动，使活动内容具有递进性。此原则促使活动内容由简单走向复杂，使活动主题向纵深发展，不断丰富活动内容、拓展活动范围，促进学生综合素质的持续发展。处理好学期之间、学年之间、学段之间的活动内容的有机衔接与联系，构建科学合理的活动主题序列。

六、巴南特色主题课程的开发意义

（一）补充地方和学校课程系统，实现课程多样化

　　长期以来，学校主要遵守"自上而下"的课程开发模式，强调共性和统一性，忽视了地方性和个性。我国地大物博，人口众多，各地在经济、地域、文化上存在一定的差异，统一的国家课程开发不足以满足地方和学生的差异化需求。巴南特色主题课程的开发，可以更好地满足地方和学校课程建设需要，更好地满足学生差异化的学习需求。

（二）增强主体课程参与意识，促进教育民主化

　　在我国受科层化教育管理体制的影响，自上而下的课程开发模式常常漠视了学校、教师、学生、家长的意见，如今随着三级课程管理体系的成熟，国家为地方、为学校、为教师赋权增能，激发了不同主体的课程参与意识和能力。巴南特色主题课程开发不仅以课程的开发为目标，更强调在课程开发过程中，不断激发不同课程主体的参与热情，使教师正视个人课程领导地位，以期能促进国家、学校、教师与社会之间的课程交流与互动，促进教育民主化目标的实现。

（三）推动素质化教育改革，促进课程领域内涵式发展

在基础教育阶段，素质教育就是要满足所有学生的学习需求。我国传统教育只注重高分学生的发展，而忽视那些低分或处于中间水平的学生，"唯分数"现象已然深重。巴南教育力求走出此困境，所开发的巴南特色主题课程旨在满足和适应不同学生的发展需求，为学生提供多样化的课程学习材料，以期实现个性化、多元化发展，力求打破以往重知识轻能力、重教学轻课程、重教材轻学生等现象，突出课程育人的思想。此外，促进传统课程系统的结构化改革，巴南特色主题课程突出活动指向，强调学生的课程体验，具体勾勒了体验型、表现型、实践型和操作型的课程活动范畴。

（四）促进优秀传统文化进课程，保护文化多样性

近年来，国家下发一系列政策文件要求注重优秀传统文化的传承与发展，如《完善中华优秀传统文化教育指导纲要》明确"加强中华优秀传统文化教育是培育和践行社会主义核心价值观，落实立德树人根本任务的重要基础；要求分学段有序推进中华优秀传统文化教育；把中华优秀传统文化教育系统融入课程和教材体系"。《中国学生发展核心素养》也提出，学生应"具有文化自信，尊重中华民族的优秀文明成果"。当前更应注重基础教育阶段学生多元文化素养的培养，巴南特色主题课程能够帮助学生构建解读民族文化的方式方法，为学生提供基于文化角度、表现方式、文化内涵的多种理解路径，通过丰富多彩的艺术实践活动滋润学生的心灵生活，充分展现民族文化的艺术魅力，唤起学生保护民族文化的意识，保护文化的多样性。

（五）促进学生自我价值体认，密切个人与社会联系

巴南特色主题课程以巴南地区独特的教育资源为基础，注重学生的实践探究体验，坚持校内与校外结合、理论与实践结合，因地制宜、因时制宜进行课程设计，利用游览参观、学习考察、主题探究、亲身体验等方式，融专题研究、访问调查、社会服务、设计制作、同伴互助为一体，激发中小学生了解巴南、热爱巴南的热情。引导学生拓展视野、丰富知识、了解社会、亲近自然、参与体验，学会动手动脑，学会生存生活，学会做人做事，让学生在学习过程中感悟人与自然、人与社会、人与自我的关系，从而获得体验式教育和浸润式成长。

七、巴南特色主题课程管理与保障

（一）加强教师培训与教研指导

加强调研，了解巴南特色主题课程指导教师专业发展的需求，搭建多样化的交流平台，强化培训和教研，推动教师的持续发展。

1. 建立指导教师培训制度

开展对巴南特色主题课程专兼职教师的全员培训，明确培训目标，努力提升教师的跨学科知识整合能力，观察、研究学生的能力，指导学生规划、设计与实施活动的能力，课程资源的开发和利用能力等。要根据教师的实际需求，开发相应的培训课程，组织教师按照课程要求进行系统学习。要不断探索和改进培训方式方法，倡导参与式培训、案例培训和项目研究等，不断激发教师内在的学习动力。

2. 建立健全日常教研制度

通过专家引领、同伴互助、合作研究，积极开展以促进学生全面发展为出发点的教研活动，及时分析、解决巴南特

色主题课程实施中遇到的问题，提高课程实施的有效性。

（二）加强体系支持建设与保障

1. 资源开发与利用

开发优质网络资源，遴选相关图片、文字、影像资料等充实资源内容，为巴南特色主题课程实施提供资源保障。要充分发挥师生在课程资源开发中的主体性与创造性，及时总结、梳理来自教学一线的典型案例和鲜活经验，动态生成分年级、分专题的巴南特色主题课程资源包，为课程实施提供高质量、常态化的资源支撑。

2. 硬件支持与多组织机构合作，构建资源共享平台

学校要为巴南特色主题课程的实施提供配套硬件资源与耗材，并积极争取校外活动场所支持，建立课程资源的协调与共享机制，充分发挥实验室、专用教室及各类教学设施在巴南特色主题课程实施过程中的作用，提高使用效益，避免资源闲置与浪费。有条件的学校可以建设专用活动室或实践基地，加强与校外组织机构的联系，强化资源统筹管理，建立健全校内外综合实践活动课程资源的利用与相互转换机制，强化公共资源间的相互联系和硬件资源的共享，为学校利用校外图书馆、博物馆、展览馆、科技馆、实践基地等各种社会资源及丰富的自然资源提供政策支持。

3. 合理规划，加强经费保障

确保开展巴南特色主题课程所需经费，以支持巴南特色主题课程资源开发和实践基地建设、专题研究等。

4. 建立安全预案，加强安全保障

地方教育行政部门要与有关部门统筹协调，建立安全管控机制，分级落实安全责任。学校要设立安全风险预警机制，

建立规范化的安全管理制度及管理措施。教师要增强安全意识，建立安全预案，加强对学生的安全教育，提升学生安全防范能力，制订安全守则，落实安全措施。

（三）考核与激励机制

1. 建立健全指导教师考核激励机制

明确巴南特色主题课程教师考核要求和办法，科学合理地计算教师工作量，将指导学生开展巴南特色主题课程的工作业绩作为教师职称晋升和岗位聘任的重要依据，对取得显著成效的指导教师给予表彰奖励。

2. 加强对课程实施情况的督查

将巴南特色主题课程的实施情况，包括课程开设情况及实施效果，纳入中小学课程实施监测，建立巴南特色主题课程的反馈、改进机制，要将巴南特色主题课程的实施情况作为检查督导的重要内容。

3. 开展优秀成果交流评选

依托有关专业组织、教科研机构、基础教育课程中心等，开展巴南特色主题课程的优秀成果展示交流活动，激发广大中小学生实践创新的潜能和动力。将巴南特色主题课程探索成果纳入基础教育教学成果评选范围，对优秀成果予以奖励，发挥优秀成果的示范引领作用，激励广大中小学教师和专职研究人员持续性从事巴南特色主题课程研究和实践探索。

目录
CONTENTS

第一部分
课程纲要

第二部分
活动方案

第三部分
活动学案

第一部分 课程纲要

前　言

　　科技创新是人们在已有科学知识、技术力量的基础上，开展知识探究或者改进和创造新事物的活动。在人类文明的进程中，科技创新是经济发展和社会进步的主要推动力。科技创新的进程一日千里，正迅猛地改变着人们的生活，并深刻地影响着人们对社会的认识。随着信息技术、生物技术、空间技术、新材料技术、新能源技术以及人工智能技术等方面的科技创新与应用发展，人们的科学观正不断地被刷新，风驰电掣的高铁，安全便捷的电子支付，愈加智能的美颜相机等，都使人们的社会生活方式发生着巨大的变化。因此，学习科学知识、应用最新技术、具有探索精神、养成科技创新素养……现代社会对人才培养提出了全新的也是更高的要求。另外，在中小学开展科技创新实践活动，既能提高青少年学生的创新素养，也有助于促进其全面而富有个性的发展。

　　为全面贯彻党的教育方针，落实立德树人的根本任务，培养社会主义合格的建设者和可靠的接班人，我们设计了"科创巴渝"这门课程，希望培养青少年学生科学精神、学会学习、实践创新等方面的核心素养，帮助青少年学生形成深度学习和思考的能力，发现、探究、解决真实问题的学习态度以及劳动实践的习惯。本课程根植热爱家乡、关注家乡发展的家国情怀，帮助青少年学生树立正确的人生观、价值观和世界观！

一、课程性质

"科创巴渝"综合实践活动课程是以青少年学生的科学、技术、工程、数学及人文艺术等知识为基础，综合利用学生已有的经验、技能与方法的一门活动课程。以提高学生实践、探究、创新精神与能力为目标，旨在培养学生科学精神、学会学习、实践创新等核心素养，为学生今后更高、更深层次的学习打下良好的基础，促进学生个人发展同时满足社会对新型人才的需要。

（一）"科创巴渝"是一门根植家乡情怀的课程

课程以巴渝地域环境与科技发展为主线，引导学生探索和发现巴渝极具创新价值的历史科技、现代科技和未来科技，使其把握巴渝科技的发展脉络，熟悉巴渝科技创新成果及运用，学习巴渝科技创新方法和文化习性，探索巴渝科技发展的未来。从而形成立足巴渝、放眼世界的创新意识，树立通过科技创新建设美好家乡、推动民族复兴的崇高理想，根植爱家、爱国的深厚情怀。

（二）"科创巴渝"是一门注重动手实践的课程

课程以巴渝历史科技的再造、巴渝现代科技的运用、巴渝未来社会科技的创造为脉络，把真实情景、图样表达、动手操作融入学生的学习活动过程。指导学生学习木工、电子、金工等方面工具的使用方法，带领学生动手体验切割、成型、装配、涂裱、测试等工艺过程，鼓励学生将头脑中的想法物化成自己想要的创新成果。本课程离不开学生动手操作，学生在此过程中会得到经验的积累，方法的更新，操作的规范及劳动态度的培养。

（三）"科创巴渝"是一门立足探索创造的课程

本课程的核心价值是培养学生的探索精神和创新能力。通过学生综合学习建筑学、工程学、电子学、信息学、逻辑学等基础知识，从原理、结构、功能等方面开展运用和创新，鼓励学生创造新作品。在学生创新创造的过程中，允许新问题的生成，允许改进与优化。同时，所有项目单元都是开放的，鼓励团队的独创性。

（四）"科创巴渝"是一门综合运用知识技能的课程

在课程实施过程中，学生除了要综合运用所学的科学、技术、工程、数学及人文艺术知识外，还要综合已有的观察、实验、测试等方法和经验，并综合运用锯割、焊接等加工的动手技能，才能使其作品达到理想的效果。在作品形成过程中，学生的各种综合能力能有效地得到提升，并形成情感、态度、价值观的良性发展。

二、课程价值

当今世界，科学技术作为第一生产力的作用愈益凸显，工程科技的进步和创新对社会经济、文化发展的主导作用更加突出。实现梦想、应对挑战、创造未来，是当代青少成长和发展的共同价值追求。中小学开设具有综合性、生成性、开放性的科创实践、探究、创新课程，让学生在真实情景中亲身体验、动脑探索和动手创造，既是对其所学知识的运用，又是对其科创能力的提升。

本课程对人才培养和教育教学方面的主要价值如下。

（一）"科创巴渝"面向学生的生活世界，培养学生的综合素质

综合实践活动课程标准提出：要培养学生的动手、动脑能力，培养学生综合运用知识经验的能力和综合素养，"科创巴渝"综合实践活动课程贴合这一要求，带领学生走进自己身边的事物和真实问题，培养学生动手操作和动脑思考的能力。目前，学校的教学活动大多是在校内进行的，围绕书本展开的，远离学生真实的社会生活，导致学生难以亲近自身所处的现实环境，并且缺乏相应的社会责任感。而"科创巴渝"课程强调问题的真实性，注重教学活动与现实世界的联系，结合巴渝地区的特色建筑和传统民居，以及与学生生活密切相关的科技产品和物件，帮助学生深入了解自己的家乡，关注家乡和祖国的科技发展历史与进程，进而培养其根植家乡、热爱祖国的家国情怀和社会责任感。开展科创实践活动，既能引导学生综合运用科学知识，还可以帮助学生从认识、分析和解决身边问题入手形成较强的观测和洞察能力，提升学生的实践水平，锻炼学生的探索和创新思维，培养学生的综合素质。

（二）"科创巴渝"面向学生的学习环境，促进学生全面发展

科技与生活密切联系，科学探究也是生活和学习中必不可少的一项活动。"科创巴渝"综合实践活动课程就发挥各方合力，在开展科创探究活动的过程中，坚持校内与校外结合、理论与实践结合，因地制宜、因时制宜进行课程设计，利用观摩学习、主题探究、亲身体验等方式，融专题研究、社会服务、设计制作、同伴互助为一体，激发青少年学生了解家乡、热爱家乡的热情，同时激发学生对科学的探索兴趣和求知欲，使科创研学真正达到以研促学的教育目的，让学生在研学中感悟人与科学、人与社会、人与人的关系，从而获得体验式教育和浸润式成长。同时，本课程提倡学生的个性化和创造力的发展，注重跨学科的学习与研究，以及理论和实践的融合，强调学习的过程，着力于核心素养培养，而非只关注体现在试卷上的知识结果，从而让学习者获得持续学习与发展的能力，最终提升文化知识、科学素养和综合素质，推动素质教育实施，促进全面发展目标的实现。

（三）"科创巴渝"面向学生课后拓展，发挥学生的兴趣特长

教育，教化育人。开展科技实践和探究活动，目的是通过特定的主题活动将活动课程化，达到育人目标。这类实践探究课程是帮助青少年学生开阔眼界、增长知识的一种有效方式，在拓展教育形式、转变学习方式、改进实践育人、创新人才培养模式等方面能够发挥重要的作用。"科创巴渝"综合实践活动课程强调育人的综合性，注重课程参与的开放性，建立起学校、社会等各方面力量之间的联系，引导学生拓展视野、丰富知识、了解社会、亲近科学、参与体验，最终促使学生学会动手动脑，学会生存生活，学会做人、做事。本课程不仅传授科学知识和科学技能，更是对学生科学创新能力的培养，同时也是对学生勇于攀登科学高峰精神的塑造，是对学校传统课程的补充和延伸。

三、课程目标

（一）总体目标

"科创巴渝"课程的目标是将学生的学习与生活密切联系，使学生能从个体生活、社会生活、科学探究、动手实践中培养敏锐的问题意识，引导学

生发现和解决自己身边的真实问题，从而获得实践经验、探索方法、创造能力、合作能力和自主学习能力。在实践探索创造过程中，逐步强化学生劳动意识、成果意识和可持续发展意识，树立珍惜劳动成果、节约资源的价值观，促进学生全面而有个性地发展，满足科学技术进步和经济社会发展对多样化创新人才的需求。

（二）具体目标

"科创巴渝"课程主要是针对中小学阶段设计研发的。由于参与该课程需要具备一定的知识基础、思维能力和动手能力，课程探究也需要一定的时间和精力投入，所以主要在小学高年级段（5—6年级）和初中低年级段（7—8年级）开展。

1. 小学阶段具体目标

①价值体认：通过对家乡科创项目的实践探索创造，帮助学生感受家乡文化和时代科技发展变化，增强学生热爱家乡、热爱生活的真挚情感，培养学生根植家乡、热爱祖国的家国情怀。

②责任担当：在科创实践探究创造活动中，培养学生热爱劳动的习惯，养成珍惜劳动成果的意识，初步形成节约资源的态度；在实践过程中，养成规范操作工具的习惯，培养安全意识；在合作实施过程中，明确责任，积极配合，团结协作。

③问题解决：通过真实情景去发现问题，提出解决问题的初步方案，能够开展简单的设计。学会运用科学方法来思考和解决问题，以形成对问题的初步解释。

④创意物化：通过动手操作，将一定的想法或创意付诸实践，掌握建筑搭建、装置组装等基本技能；通过动脑思考和动手制作的学习实践，提高利用科学知识和科学技术进行分析和解决实际问题的能力。

2. 初中阶段具体目标

①价值体认：通过对家乡科创项目的实践探索创造，帮助学生熟悉家乡过去、现代、未来科技的发展，形成通过科技创造助推家乡发展的意识，增强学生热爱家乡、热爱生活的真挚情感，培养学生根植家乡、热爱祖国的家

国情怀。

②责任担当：在科创实践探究活动中，形成较强的劳动意识、成果意识和可持续发展意识，养成节约资源、珍惜成果的态度。在实践操作中树立规范意识、安全意识、合作意识。

③问题解决：通过真实情景去发现问题，提出解决问题的方案，不断优化方案；学会运用科学方法来思考和解决问题，以形成对问题的初步解释；能够开展项目设计，并能对设计开展科学性、可行性论证。

④创意物化：运用一定的操作技能解决科创研学过程中的问题，将一定的想法或创意付诸实践，通过设计、制作或装配等，提高创新和审美能力，通过动脑思考和动手制作的学习实践，提高利用科学技术手段分析和解决问题的能力以及科技产品的设计与制作能力。

（三）课程活动目标

1. "穿斗式吊脚楼模型的设计与搭建"活动目标

"穿斗式吊脚楼模型的设计与搭建"是依据巴渝老式建筑特色——穿斗、吊脚，以设计、实践、探究为主，通过学习、调查、设计、动手操作、组装优化等过程，培养学生的图样表达能力和实践动手能力的一门课程。本课程的任务是学生在老师的辅导下，完成巴渝穿斗式吊脚楼的探究、穿斗式吊脚楼的设计、作品结构的搭建以及作品的测试与优化，并学习设计的基本知识、熟悉工具的使用方法、规划制作流程与任务、探索穿斗式结构和吊脚楼结构的受力原理以及稳定性原理。其主要活动目标见表1.1。

表 1.1

	小学阶段（5—6 年级）	初中阶段（7—8 年级）
探索	1. 了解巴南地区地域风貌及建筑艺术，探究穿斗式吊脚楼在巴南民居中的历史地位。 2. 了解基本的科学探索方法。 3. 从建筑功能、技术、形象等方面探索穿斗式吊脚楼。 4. 了解家乡科技文化，根植家乡情怀。	1. 理解巴南地域风貌与建筑之间的关系，探究穿斗式吊脚楼的历史价值。 2. 初步掌握基本的科学探索方法。 3. 从建筑功能、技术、形象等方面探索穿斗式吊脚楼，掌握穿斗式吊脚楼的结构特点。 4. 熟悉家乡科技文化，根植家乡情怀。

续表

	小学阶段（5—6年级）	初中阶段（7—8年级）
设计	1. 初步掌握吊脚楼的结构原理。 2. 学会画吊脚楼的简易设计图。 3. 能对吊脚楼进行局部的创新设计，培养创新能力。 4. 能对材料使用进行初步规划，培养节约资源的习惯。	1. 掌握吊脚楼的结构原理。 2. 学会画较为精细的吊脚楼设计图。 3. 能对吊脚楼进行整体结构的创新设计，训练其创新创造的能力。 4. 能对材料使用进行较为科学的规划，养成节约资源的习惯。
操作	1. 了解木工工具的使用方法及操作规范，培养规范使用工具的习惯和安全意识。 2. 初步掌握人、材料、工具的配合技巧，学会与机器"对话"。 3. 能对基本的结构要件进行较为准确的加工。	1. 熟悉木工工具操作规范，基本掌握木工工具的使用方法，养成规范使用工具的习惯和安全意识。 2. 熟练掌握人、材料、工具的配合技巧，学会与机器"对话"。 3. 能对主要的结构要件进行较为准确的加工。
搭建及测试	1. 能在教师帮助和同伴合作的基础上完成穿斗式房屋的整体搭建，培养物化能力、合作能力和动手操作能力。 2. 能进行简单的性能测试和优化，培养科学的探索精神。	1. 能基本独立地完成穿斗式房屋的整体搭建，养成其物化能力、合作能力和实践能力。 2. 能进行全面的性能测试和优化，培养科学的探索观。

2. "智慧伙伴"活动目标

"智慧伙伴"是人工智能环境下，学生通过对传感器、开关电路、程序编写等相关知识的学习，学会自主设计控制电路，满足创新需要的一门课程。本课程的主要任务是让学生认识、探究现代电子技术对生活的影响，适应智慧生活，激发学生的创新潜能，主动适应未来科技社会发展的需要，为学生创新素养的提升和职业规划做好铺垫。其主要活动目标见表1.2。

表 1.2

	小学阶段（5—6 年级）	初中阶段（7—8 年级）
探索	1. 简单了解并能发现身边的智慧电路，培养发现问题、探索问题的习惯。 2. 初步了解智慧电路的种类。 3. 了解基础智慧电路的控制原理。 4. 学会通过观察、关注等方式去发现问题。	1. 熟悉身边的智慧电路，培养探索精神。 2. 熟悉身边智慧电路的种类。 3. 理解主要智慧电路的控制原理。 4. 学会通过观察、寻觅、反思等方式去发现和探索问题。
电子工具	1. 认识常见的电子工具，了解电子制作工具的基本构成原理，学习操作工具使用的安全规范。 2. 基本了解电子焊接原理。 3. 基本了解和能够简单使用普通电子测量工具。	1. 熟悉常见的电子工具，理解电子制作工具的基本构成原理，能够安全规范地使用操作工具。 2. 基本掌握电子焊接技术。 3. 熟练使用普通电子测量工具。
电子元件	1. 认识常见的电子元件，了解其基本原理。 2. 知道常见电子元件的基本功能和基本组合作用。 3. 了解传感器的种类及性能。	1. 熟悉常见的电子元件，掌握其基本原理。 2. 熟悉常见电子元件的基本功能和基本组合作用。 3. 熟悉传感器的种类及性能。
传感器	1. 知道智慧电路的基本构成。 2. 能在教师指导下完成简单智慧电路的设计。	1. 掌握智慧电路的基本构成。 2. 能够基本独立地设计普通的智慧电路。

3. "逆风而上"活动目标

"逆风而上"是实践、探究、竞技类课程，课程目的是培养学生对机械结构和基本程序的设计能力，提高学生的实践能力、制作技能，增强学生的探索精神，培养学生创新的意识以及批判性思维、团队协作、沟通协调、自主学习和临场应变等方面的能力。本课程的主要任务是学生在老师的指导下，使用配套的材料完成逆风行驶装置的设计、搭建、调试和竞速，并学习设计的基本知识、熟悉工具的使用方法、规划制作流程与任务、探索如何更有效地控制风能。其活动目标见表 1.3。

表1.3

	小学阶段（5—6年级）	初中阶段（7—8年级）
逆风行驶装置	1. 认识逆风装置，了解逆风行驶的基本原理。 2. 规划装置的制作材料，并能够画出装置的设计草图及排料图。 3. 在教师帮助下参与制作逆风行驶装置，安排制作流程与分工。 4. 熟悉工具的使用方法及操作规范，学会制作装置的框架结构、组装和调试装置，培养探究能力和合作意识。	1. 熟悉逆风装置，理解逆风行驶的原理。 2. 设计逆风装置草图和排料图，并能够安排制作流程和分工。 3. 熟悉工具的使用方法及操作规范，学会制作装置的框架结构、组装和调试装置。 3. 独立或与同学合作制作逆风行驶装置，培养探究能力和合作意识。 4. 在逆风装置学习的基础上，进一步探究装置的结构与风能利用效率的关系，开发其创新性思维。
程序编写和调试	1. 了解掌控版的使用方法。 2. 学习掌控版程序的编写。 3. 通过程序设计和调试，培养学生的逻辑思维和创新能力。	1. 熟悉控制版的使用方法，并能完成控版程序的编写。 2. 能够熟练进行程序设计和调试，养成逻辑思维能力和创新精神。
竞速	1. 通过竞速掌握提高装置速度的原理，探究影响行驶速度的客观因素。 2. 学会进行装置优化，并培养创新兴趣、竞争意识。	1. 通过竞速掌握提高装置速度的原理，探究影响行驶速度的客观因素。 2. 开展装置优化探究，提高解决问题的能力，培养创新创造的精神和竞争意识。

四、课程评价

（一）课程评价原则

"科创巴渝"综合实践活动课程的重点在于培养学生的科学素养、探索精神和创新能力，特别关注学生参与的态度、解决问题的能力和创新创造的体验，关注过程和方法，关注交流与合作，关注动手实践以及所获得的经验与教训。因此课程评价也应该以形成性、发展性评价为主，通过实践操作评价表引导学生和教师进行自我反思性评价，强调师生在设计、操作和创新三个维度的收获和进步，突出学习过程中的体验、态度、情感、价值观和综合实践能力。

本课程评价应坚持以下原则：一是注重学生参与的原则；二是关注学生过程体验的原则；三是综合而全面的原则；四是激励学生的原则。评价主要关注学生参与科学技术创新创造活动的动机与态度，在探究过程中所获得的体验，相关知识、方法、技能掌握情况，创新精神和实践能力的发展情况，以及活动的成果与收获。

（二）课程评价体系

1. 创新素养评价

本课程评价体系主要围绕创新素养展开，具体分为创新意识、创新勇气、创新思维、创新技能、创新方法五个方面。

①创新意识的评价：主要考查学习者是否形成创新习惯，是否乐于探索发现问题，能否用新思维、新方法有效地解决问题，是否形成创新兴趣。

②创新勇气的评价：主要考查学习者是否敢于尝试、敢于革故鼎新、敢于天马行空、敢于质疑和挑战权威，是否形成了自由、独立的创造能力。

③创新思维的评价：主要考查学习者能否多角度地思考和解决问题，能否运用联想、发散、逆向等思维方式，以及是否养成了良好的创新思维。

④创新技能的评价：主要考查学习者能否独立灵活地运用各种操作工具，是否掌握了将头脑中的构想进行物化的基本技能，能否将工具的使用等基本技能和加工与设计等创新创造过程有机地联系起来，有效地将创新与结构、功能、材料、控制等过程紧密结合。

⑤创新方法的评价：主要考查学习者能否运用常见的研究方法去研究分析问题，如实验法、文献法、数学统计法等。

2. 实践动手能力评价

本课程是综合实践课程，课程以实践为基础，一方面考查学生实践动手能力，另一方面看重学生在实践操作过程中其经验是否有所丰富，能力是否有所提升。

①实践探究方面：主要考查学生运用观察法、实验法等方法开展探究的计划性、流程性、科学性，解决新问题的灵活性。

②实践设计方面：主要考查学生创新思维能力以及图样表达能力。

③实践动手方面：主要考查学生使用操作工具的安全性、规范性和灵活性，学生动手操作的实践精神与兴趣。

④实践经验方面：主要考查学生以往实践经验的积累和现有实践能力的提升以及经验的丰富。

3. 合作能力及价值观评价

①合作能力：主要考查学生分工合作、有机配合、发挥团队力量的能力。考查学生能否在个人力量有效发挥的基础上，与成员之间达成互补效应，最终促进共同提升。

②价值观：学生通过课程获得珍惜劳动成果、热爱创新、科学的分析和解决问题的价值体认。形成唯物主义的世界观，热爱祖国、热爱民族、热爱劳动人民，珍惜劳动成果的价值观；追求创新，矢志奉献，在劳动中促进自我实现的人生观。

（三）课程评价表格

实践操作定性评价表（学生自评表）

姓名：_____　班级：_____级_____班　　项目：_____

项目 \ 等级		学习前				学习后				得分等级
		灵活	会	知道	0	灵活	会	知道	0	
设计	工具的使用									
	技术语言表达									
	材料的规划									
	适合加工工艺									
操作	工具的使用规范									
	操作流程合理									
	工具和材料的配合									
	工艺精准美观									
	装配及优化									
创新	结构创意									
	材料成本									
	功能效果									
	人机工程									
	节能减排									
	整体创意									
合作能力										

实践操作评价表（教师评价表）

班级：_____级_____班

序号	姓名	学习前			学习后			得分等级
		设计	操作	创新	设计	操作	创新	
1								
2								
3								
4								
5								
6								
7								
8								
9								
10								
11								
12								
13								
14								
15								
16								

第二部分 活动方案

一、"穿枓式吊脚楼模型的设计与搭建"活动方案

（一）活动目标

1.穿枓式吊脚楼的设计
（1）了解巴渝地区地域风貌及古代建筑艺术。（5—8 年级）
（2）了解木料的基本连接方式及其接头的构造。（5—8 年级）
（3）理解穿枓式建筑的结构原理。（5—8 年级）
（4）理解吊脚楼的结构原理。（5—8 年级）
（5）掌握吊脚楼的一般组成部分。（5—8 年级）
（6）分析穿枓式吊脚楼各部分的受力情况。（7—8 年级）
（7）画出穿枓式吊脚楼的设计草图及排料图。（7—8 年级）
（8）规划建筑物搭建的材料。（7—8 年级）
2.穿枓式房屋的搭建
（1）规划穿枓式吊脚楼搭建流程和分工。（5—8 年级）
（2）熟悉工具的使用方法及操作规范。（5—8 年级）
（3）制作穿枓式吊脚楼的分部结构。（5—8 年级）
（4）制作分部结构的连接要件。（5—8 年级）
（5）进行穿枓式房屋的整体搭建。（5—8 年级）
3.穿枓式吊脚楼性能测试及其优化（7—8 年级）
（1）局部结构受力测试。
（2）整体结构受力测试。
（3）整体结构稳定性测试。
（4）穿枓式吊脚楼的整体工艺优化。
4.课后拓展
（1）探究穿枓式吊脚楼在巴渝民居中的历史地位。（5—8 年级）
（2）探究穿枓式吊脚楼的结构及受力优势。（7—8 年级）

（二）活动结构

本课程分为 3 个模块：穿枓式吊脚楼的设计、穿枓式吊脚楼的搭建及工艺美化、作品受力以及稳定性的测试和优化分析。

穿斗式吊脚楼的设计是课程的准备阶段，主要有三个方面的安排：一是让学生学会基本的设计常识，掌握设计的基本要素；二是让学生了解到一件成品的完成，图样设计是基础，也是非常重要的一个环节；三是让学生学会规划整个活动的流程，做到精简、完善、严谨。

穿斗式吊脚楼的搭建是课程的主要活动阶段，这部分学习活动是从工具

的使用开始，逐步学会建筑物构件的构造过程以及连接方式，最后物化成理想的作品。在整个过程中既要学会巧妙地运用工具，也要非常重视工具的使用安全。在结构的制作过程中，对构件的工艺要求应当放在首位，否则在组装连接过程中容易出现误差而导致失败。

作品测试及优化是课程的后续完善阶段，主要是检验前面两个模块的效能，让学生了解建筑物的稳定性和强度是至关重要的。同样，美观、环保、节省材料也是在设计和搭建中要考虑的问题。

（三）活动流程

1. 课前准备

学生准备

调查访问：通过实地查看、图书查阅、访问专家、上网查找等方式了解穿枓式结构的原理和功能，了解吊脚楼的结构特点。

教师准备

①资料准备：穿枓式吊脚楼相关资料，每组一份。

②工具准备：每组工具刀 1 把，木材剪刀 2 把，木锉 2 把，角尺 1 把，画图铅笔 2 支，木工快干胶水 1 瓶，小电钻一台，曲线锯一把，木结构稳定性、受力测试装置一套。

③材料准备：3 mm×2 mm×200 mm 木条 50 根，牙签一盒，竹篾片若干，PVC 管 10 根。

2. 穿枓式吊脚楼的设计

巴渝地处长江南部，属于典型的丘陵地貌，地势崎岖不平。古老的巴渝人民为了克服因地势带来的不便，依托独有的地形风貌和常见的建筑材料设计建设了独具巴渝特色的穿枓式吊脚楼。它造型别致、风格简易、结构牢固，是巴渝人民古老智慧的结晶。

怎样设计穿枓式吊脚楼，体现浓厚的巴渝风貌呢？今天我们就来完成此项任务。

小组设计

根据穿枓式吊脚楼的基本结构和受力原理，设计出作品。

（1）设计要素

①穿枓式吊脚楼包含的几个基本部分：基座、墙体、屋顶、美饰。

②穿枓式吊脚楼的结构：穿枓式结构的构成，吊脚楼结构的构成，基座、墙体、屋顶的连接及稳定性。

③穿枓式吊脚楼的受力分析：对于基座，重力、压力、拉力；对于墙体，重力、压力、拉力、剪切力、推力（风）；对于屋顶，抬力（风）、压力等。

④穿枓式吊脚楼的稳定性分析：重心、支撑面的大小、结构的牢固、与环境的联系等。

（2）画出设计草图

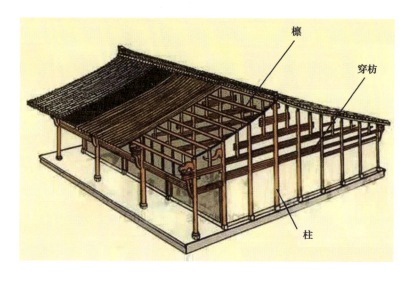

檩

穿枋

柱

图2.1

（3）画出各部分的排料图

①基座排料图。

②墙体排料图。

③屋顶排料图。

④穿枓式榫卯结构图。

3.穿枓式吊脚楼的搭建

学生活动

①根据设计安排，做好各部分的排料图。

②基座的搭建：基座搭建牢固，并留有与墙体等连接的接口。

③墙体搭建：搭建墙体框架，留好连接处的接口和接头。

④组装基座和墙体。

⑤屋顶的搭建。

⑥编建墙体。

⑦盖好屋顶。

⑧美饰。

教师指导

①工具使用指导：电动工具、木工手动工具的使用方法、规则、技巧，木工胶水的使用。

②结构指导：穿枓式、吊脚楼、榫卯、编建、顺盖等结构。

③组装指导：各部分连接方式及要求。

④工艺指导：切面的平整，黏接的牢固，材料的选取及使用。

⑤美饰指导：雕花、涂色、整体布局、装饰设计等。

4.受力测试

①外部环境因素：风力、地震、冲撞等。

②内部因素：各种应力。

③做好测试记录。

5.课程总结

①展示穿枓式吊脚楼的设计搭建特点。

②探究穿枓式吊脚楼更多、更科学的设计。

③谈谈你对本次活动的体会和感受。

（四）所含实践安全环节

①就木材剪刀、木工锉刀、小型电动锯、小型电钻的使用，对学生进行安全使用方面的指导，强调操作规范。

②指导学生正确使用 502 胶水，严禁瓶口朝上挤压胶水瓶。

（五）课外习题及课程讨论

①如何科学利用材料完成建筑结构的搭建。

②探究材料的受力原理。

③探究建筑艺术的工艺结构。

（六）教学方法与手段

讲授法、实作法、实践探究法。

（七）各教学环节学时分配

	讲课	实作课	活动课	实验	其他	合计
设计	1					1
搭建		2				2
测试及优化			1			1
合计	1	2		1		4

（八）考核内容

①制作工艺。

②结构受力。

③结构稳定性。

二、"智慧伙伴"活动方案

（一）活动目标

1.电子制作工具的使用
①了解电子制作工具的基本构成原理。（5—8 年级）
②熟悉电子制作工具的使用方法。（5—8 年级）
③掌握电子焊接方法。（5—8 年级）
④形成工具使用的操作素养。（5—8 年级）
⑤形成电路操作的安全意识。（5—8 年级）
2.电子元件的认识
①了解常见电子元件的基本原理。（5—8 年级）
②熟悉常见电子元件的结构。（5—8 年级）
③知道常见电子元件的基本功能。（5—8 年级）
④知道常见电子元件的基本组合作用。（7—8 年级）

3. 传感器的认识
①认识简单的传感器。（5—8 年级）
②知道传感器的基本作用。（5—8 年级）
③了解传感器的连接方法。（5—8 年级）
④学会用简单的传感器组成电路。（5—8 年级）
4. 常见电路的设计
①学会简单开关电路的设计与制作。（5—8 年级）
②学会基本控制电路的设计与制作。（7—8 年级）
③学会用控制电路解决生活中的简单问题。（7—8 年级）
④通过控制电路完善创新控制系统的设计制作。（7—8 年级）

（二）活动结构

本课程分为 4 个模块：电子制作工具的使用、常见电子元件的认识、传感器的认识、常见电路的设计。

电子制作工具的使用是课程的基础，学生通过常见电子制作工具的使用学习，掌握工具使用的基本方法，并熟练掌握电子焊接技能，形成工具的操作素养和安全素养。

常见电子元件的认识是让学生熟悉常见的电子元件结构以及在电路中的作用，充分掌握其在电路中的性能，为后边的电路设计打下基础。

传感器的认识是智能电路的前提，通过学习传感器的传感功能，熟悉智能电路中传感器的作用，并能准确灵活地运用传感器。

常见电路的设计是课程的主要部分，课程将从最基本的开关电路入手，让学生学会基本电路的组成，逐步探索智能控制电路的设计和制作，并用于解决生活中的实际问题，形成智能生活的习惯，培养创新素养。

（三）活动流程

1. 课前准备

 学生准备

了解家用电器的常见结构，并能说出各部分结构的大致功能。

①资料准备：创意电子设计与制作相关资料。

②工具准备：增力类工具、夹持类工具、切割类工具、电动工具、电热工具、测量工具、清洁工具，每组各一套。

③电子元件准备：各种规格、类型的电阻、电容、电感、晶体管和电路元件若干。

④传感器准备：电阻传感器、电容传感器、电感传感器、磁电式传感器，以及温度、湿度、光感等传感器若干。

2. 工具的认识及使用

（1）增力类工具的认识和使用

①螺丝刀的结构及使用方法、技巧。

②扳手的种类认识及使用方法。

③锤子的使用方法。

（2）夹持类工具的认识和使用

①钳类工具的认识及使用。

②夹具的认识和使用。

③焊台的使用。

（3）切割类工具的认识和使用

①刀、锯、钳的使用。

②各种钻的使用。

③各种锉刀、磨具的使用。

（4）电热工具的认识和使用

①电烙铁的结构认识和使用。

②熟练掌握五步焊接法。

③散热风枪、热熔枪的使用。

（5）量具及清洁工具的使用

（6）常见的电子加工工艺

3. 电子元件的识别

（1）电阻、电容、电感的识别及性能

①电阻：电子学符号——R。

按电阻的封装形式：贴片电阻、手插电阻。

按电阻的功能特性：限流电阻、压敏电阻、温敏电阻。

按电阻的材料形式：碳膜电阻、金属膜电阻、金氧膜电阻、绕线电阻。

②电容：电子学符号——C。

按电容的封装形式：贴片电容、手插电容。

按电容的材料特性：瓷片电容、电解电容、钽电容、聚酯电容（膜电容）、云母电容、玻璃电容、独石电容等。

③电感：电子学符号——L。

按电感的封装形式：贴片电感、手插电感。

按电感的加工方式：绕线电感、叠层电感。

按电感的外观及功能：色环电感、空心线圈、铁芯线圈、瓷芯电感、滤波电感、滤波器、浪涌吸收器等。

（2）晶体管的识别及性能

①二极管：电子学符号——D。

按封装的形式：贴片二极管、手插二极管。

按封装的材料：玻璃二极管、塑封二极管。

按半导体材料：硅二极管、锗二极管。

按功能的特性：整流二极管、开关二极管、发光二极管、稳压二极管。

二极管的变形体：整流块电路、数码发光管、双色发光管。

②三极管：电子学符号——Q 或 TR。

按封装形式：贴片三极管、手插三极管。

按加工方式：普通三极管、MOS 三极管。

按半导体结：PNP 管、NPN 管；N-Channel MOS 管、P-Channel MOS 管。

③集成电路（IC）：电子学符号——U。

按封装形式：DIP（双排直插）、SOT（双排贴片）、QFP（四方贴片）、BGA（底部引脚贴片）。

按封装材料：塑封 IC、陶瓷 IC。

（3）其余各类电子元件的识别

①开关：电子学符号——SW。

按功能特性：拨挡开关、按键开关、热敏开关。

②插座：电子学符号——J。

插座形式多样一般可分为插针式和插孔式，大多插座都为插孔式。

③晶振：电子学符号——X。

晶振是一类比较特殊的元件，性质上不类似其他的元件，在电子学特性上无法界定它的阻性、容性、感性，所以其电子学符号采用数学符号中自变量符号 X。

④光电耦合器：它是一种使用电信号控制的通断型元件。

⑤变压器：它是一种通过耦合线圈对电压信号进行变换的元件。

按耦合方式：互耦式变压器、自耦式变压器。

⑥保险管：电子学符号——Fuse。

保险管是一类可快速熔断或阻值变化很大的电阻。在正常工作时电阻很小可近似为导线，在电路发生异常时快速熔断或电阻变得很大近似为断路。

4. 传感器的识别

（1）压力传感器

工作原理：压力传感器主要利用弹性材料的形变和位移来检测外界信号的变化，并将其转换为电信号。

生活中最常见的压力传感器：电子秤。

（2）光敏传感器

工作原理：光敏电阻的阻值会随光照射程度的不同而产生变化，在一个闭合的电路中，电阻阻值的大小会影响电流的大小，从而将光这种外部信号转化为电信号。

最常见的光敏传感器：太阳能电池。

（3）气敏传感器

气敏传感器是一种检测特定气体的传感器。最常用的是半导体气敏传感器。它的应用主要有：一氧化碳气体的检测、瓦斯气体的检测、煤气的检测、呼气中乙醇的检测、人体口腔口臭的检测等。

它将气体种类及其与浓度有关的信息转换成电信号，根据这些电信号的强弱就可以获得与待测气体在环境中的存在情况有关的信息，从而可以进行检测、监控、报警；还可以通过接口电路与计算机组成自动检测、控制和报警系统。

常见的气敏传感器：烟雾报警器、酒精测试仪。

（4）湿敏传感器

工作原理：湿度是指空气中水蒸气的含量。通过湿敏元件，感知空气中湿度的变化，通过转换元件，将其转换为电信号。

常见的湿敏传感器：自动加湿器。

（5）温度传感器

工作原理：利用物质各种物理性质随温度变化的规律把温度转换为电量。

常见的温度传感器：电子温度计、空调。

（6）声敏传感器

工作原理：将声音震动信号转化到声敏元件上，再转化为电流信号或是将震动转化为磁场信号，再转化为电信号。

常见的声敏传感器：电话、声控灯。

5. 控制电路的设计与制作

①整流电路。

②滤波电路。

③放大电路。

④智能控制电路。

学生活动

①学习工具的使用。

②学习电路的设计与连接。

教师指导

①工具使用指导：工具使用方法的指导。

②设计指导：电子元件基本性能使用指导。

③制作指导：制作工艺指导。

④创新指导：发现生活中的问题，通过智能方式解决。

（四）所含实践安全环节

①工具的使用，指导学生安全使用的方法，强调操作规范。

②电器的使用，注意用电安全规范。

（五）课外习题及课程讨论

如何加强智能控制的设计。

（六）教学方法与手段

讲授法、实作法、实践探究法。

（七）各教学环节学时分配

	讲授课	实作课	活动课	实验	其他	合计
工具	1					1
电子元件		2				2
传感器			1			1
控制电路		3				3
合计	1	5	1			7

（八）考核内容

①制作工艺。

②控制效果。

三、“逆风而上”活动方案

（一）活动目标

1. 逆风行驶装置的设计

①理解逆风行驶的原理。

②了解各种结构的利弊。

③规划装置的制作材料。

④画出装置的设计草图及排料图。

2. 逆风行驶装置的制作

①规划装置的制作流程和分工。

②熟悉工具的使用方法及操作规范。

③制作装置的框架结构。

④组装和调试装置。

3. 掌控板程序的编写和调试

①设计程序流程和效果。

②预设功能的实现。

③程序的编写。

④程序的应用和调试。

4. 逆风行驶装置的竞速

①掌握提高装置速度的原理。

②探究影响行驶速度的客观因素。

③优化装置的结构。

5. 课后拓展

①探究装置的结构与风能利用效率的关系。

②程序的优化和传感器应用。

③工具和材料的优化与工艺的联系。

（二）活动结构

本课程分为 4 个模块，分别是逆风行驶装置的设计、逆风行驶装置的制作、掌控板程序的编写和调试、逆风行驶装置的竞速。

（三）活动流程

1. 课前准备

学生准备

①查阅资料：利用一切条件（如上网、访问专家或者上图书馆查阅）了解风能利用的方式和原理。

②测试设备准备：小组成员准备吹风机（每组1把）。

③熟悉 Mpython 编程环境和掌控板硬件。

教师准备

①资料准备：传动方式和结构案例资料，每组一份。

②工具准备：每组工具刀1把，剪钳2把，夹钳2把，热熔胶枪1把，风机，跑道。

③辅料准备：502胶水1瓶，螺丝、橡皮筋、润滑油、砂纸、热熔胶棒和胶带若干。

④材料准备：木棒、吸管、结构条、齿轮和螺旋桨若干。

⑤编程环境准备：计算机、掌控板、传感器、Mpython 软件。

2. 逆风行驶装置的设计

风能是地球表面空气流动所产生的动能，属于可再生能源。人类很早就开始利用风能，如利用风力提水、灌溉、磨面、舂米，用风帆推动船舶前进等。

我们使用何种结构和传动方式能更有效地利用风能呢？

小组设计

根据各种结构和传动方式的优劣分析，选择并设计出自己要完成的装置。

3. 设计要素

①逆风行驶装置包含的几个基本部分：结构——装置框架，传动——推进装置，收集——能量获得。

②逆风行驶装置的内部系统分析：结构与阻力；重量与速度；扇叶与面积；风量与距离；传动方式与效率等。

③逆风行驶装置竞速的外部环境分析：受力——摩擦阻力、空气阻力、风压阻力；跑道——平整度等；环境——人员和物体阻挡。

4. 画出逆风行驶装置设计草图

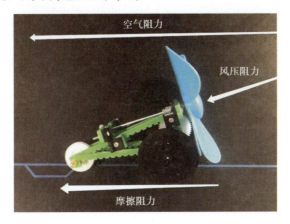

图 2.2

5. 画出逆风行驶装置的排料图

①整体结构排料图。

②传动装置排料图。

6. 逆风行驶装置的制作

 学生活动

①首先选取材料搭建整体框架结构。

②传动装置制作：将收集的风能转换成装置的动力，通过齿轮比的调配更有效的利用风能（注意行驶方向）。

③收集装置制作：螺旋桨的大小和安装位置调整，更有效地获得风能（注意装置的平衡和稳定性）。

④组合：调整各部分的装配，通过各种固定方式提高设计的可行性和稳定性（精简装置的结构和重量）。

教师指导

①工具使用指导：剪钳和热熔胶枪的用法、胶水的用法。

②工艺指导：切口的平整和打磨、黏接的牢固、材料的选取及使用。

③系统指导：增加迎风面积，精简装置的结构和重量，提高装置整体平

衡和稳定性指导等。

7. 编程与调试

①使用 Mpython 和掌控板作为软硬件进行程序的编写和调试。

②预设通过计算机编程控制硬件自动完成装置从起点到终点的计时和显示。

③扩展硬件，包括红外对射传感器、LED 灯条、蜂鸣器、按键和 OLED 屏。红外对射传感器和 LED 灯条安装于赛道上，起点和终点均安置红外对射传感器，有效比赛区两侧安置 LED 灯条（蜂鸣器、按键和 OLED 屏幕掌控板自带）。

④每组配发安装 Mpython 软件计算机 1 台，掌控板 1 块，LED 灯条 2 条，红外对射传感器 2 台，便于各组测硬件试和调试程序。

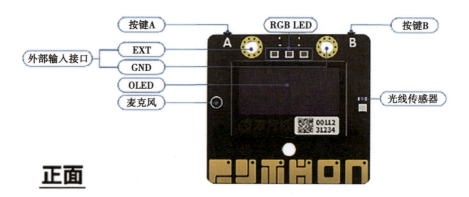

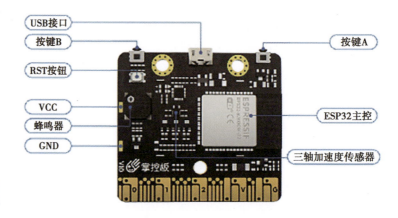

图 2.3

⑤比赛开始前 10 分钟，各组将调试好的程序发给裁判，裁判备份并做好记录。

8. 竞速比赛

（1）限制范围

学生以小组为单位在给定的材料范围内，自选材料设计并制作一个装置，使其可利用风能实现逆风行驶，行驶速度快者获胜。

（2）限制条件

①风能来自固定风源的风扇，比赛过程中不得变更该风扇位置、风扇角度和风速。

②学生必须在提供的材料中自行选择和设计制作装置，装置自重不做限制，装置尺寸不限。

③风能具体利用方式不做要求，但除去风源提供的风能，装置不得携带任何其他能源。

④装置在行驶过程中不能改变尺寸。若装置在行驶过程中有坠落物，则本次成绩取消。

⑤赛道长度为 80 cm、宽度为 40 cm。赛道位于风源的正前方且平铺在桌子上，风源距离赛道终点 40 cm，风源风向与赛道平行。起跑线前方的准备区域长、宽均为 40 cm。

⑥装置无安全隐患。

⑦赛道尺寸及风机位置。

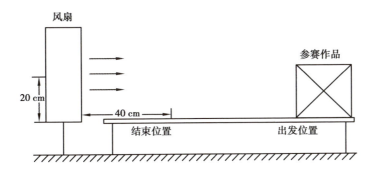

图 2.4

（3）比赛规则

①各组派1名选手进行抽签，确定比赛顺序，并进行本组装置的称重和记录。

②抽签结束后，跑道开放15分钟，各组自行进行装置的测试。

③各组比赛前，裁判将之前备份的程序写入赛道上的掌控板。

④比赛过程中，由裁判首先打开风机，参赛学生自行将装置放置在赛道准备区，装置的最前端不能超越起始线且不压线，当装置驶过起跑线时开始计时，选手不得以任何方式触碰比赛装置直至完成比赛，装置的任意部分驶过终点线时停止计时。

⑤比赛过程中，每组可进行两次行驶，每次行驶每组可选派1位组员进入赛道比赛区。按抽签顺序，各组的装置依次行驶，两次行驶之间间隔5分钟。每组组员在第一次行驶后至下一次行驶前，可对装置进行调整和修改。

（4）成绩判定

①有效着地点。

比赛开始前，装置的全部着地点应放在起跑线后且不压线，此时装置的全部着地点视为有效着地点。

②未驶出比赛区。

只要任意一个有效着地点在比赛区域内，即视为未驶出比赛区。若该有效着地点在区域线上也视为未驶出比赛区。

③有效成绩与无效成绩。

若装置的任意部分驶过终点线且未驶出比赛区，则本次行驶时间记为一次有效成绩。其余情况均为无效成绩。（超过180秒，记为无效成绩）

④有效行驶时间。

全部小组完成两次尝试后，每组取时间最短的有效成绩记为本队最终的有效行驶时间（保留两位小数）。若两次均为无效成绩，则成绩记为180秒。

成绩以预设程序控制硬件显示的时间为准，若无显示以裁判手工计时为准。

⑤有效编程成绩。

通过编程达到预设效果得 50 分，每使用一个扩展硬件（传感器、LED、蜂鸣器等）减 10 分，最多可使用 5 个扩展硬件。

⑥最终排名按有效行驶时间、装置重量、有效编程之和的数值由小到大的顺序依次进行排列，以确定比赛名次，数值小者靠前。

（5）课程总结

①谈谈对设计思想、制作过程、比赛结果的认识。

②探究影响逆风行驶装置速度的因素。

③探究计算机编程的实用性和创造性。

④逆风行驶装置还有哪些更有效的制作方法或技术？

（四）所含实践安全环节

①指导学生安全使用木材剪刀、木工锉刀、小型电动锯、小型电钻，强调操作规范。

②指导学生正确使用 502 胶水，严禁瓶口朝上挤压胶水瓶。

（五）课外习题及课程讨论

①如何科学利用材料完成建筑结构的搭建。

②探究材料的受力原理。

③探究建筑艺术的工艺结构。

（六）教学方法与手段

讲授法、实作法、实践探究法。

（七）各教学环节学时分配

	讲课	实作课	活动课	实验	其他	合计
设计	1					1
搭建		2				2
测试及优化			1			1
合计	1	2	1			4

（八）考核内容

①制作工艺。

②结构受力。

③结构稳定性。

第三部分　活动学案

第一章　巴渝穿枓式吊脚楼

第一节　巴渝穿枓式吊脚楼探索

同学们，你到过重庆的洪崖洞吗？那里的房屋顺崖而建，错落有致，风格精简，视野开阔，整个建筑群仿佛贴在石壁上的中国画。一到晚上，灯火璀璨，水影相生，宛如飘渺的仙人阁，圣洁辉煌，美感十足。其实，在古老的巴渝大地，像洪崖洞这样的建筑比比皆是，它就是代表巴渝文化的著名建筑——穿枓式吊脚楼。

穿枓式吊脚楼是伴随着先辈们的勤劳和智慧应运而生的，它在建设过程中包含哪些独特的建筑科技和文化等元素呢？让我们去一探究竟吧！

图 3.1　洪崖洞夜景

探索的方法多种多样，有观察、调查、访谈、实验、文献法等，你觉得哪些方法合适呢？

一、探索穿枓式吊脚楼的建筑功能

建筑功能是指建筑物在物质和精神方面必须满足的使用要求。不同类别的建筑具有不同的使用要求。穿枓式建筑主要以民居为主，它的功能有其独特之处。请同学们利用资料查阅和访谈等方法，探究穿枓式吊脚楼的功能，并主要对以下三方面的功能进行详细记录。

①生活居住功能（提示：可从采光、隔音 、坚固、空间、饮食、起居等方面探索）：

_____

_____

_____

_____

_____

_____

_____

_____。

②劳动生产功能（提示：可从牲畜养殖、粮食杂物堆放等方面探索）：

_____

_____

_____

_____

_____

_____

_____

_____

_____。

③安全防护功能（提示：可从防盗、防火、防风雨、防湿、防自然灾害、防野兽侵袭等方面探索）：

_____

_____

_____

_____

_____

_____

_____

_____。

二、探索穿斗式吊脚楼的建筑技术

建筑技术是指建造房屋的手段，包括建筑材料与制品技术、结构技术、施工技术、设备技术等。建筑是科学与技术紧密结合的产物，其中材料是物质基础，结构是构成建筑空间的骨架，施工技术是实现建筑构筑的过程和方法，设备是改善建筑环境的技术条件。穿斗式吊脚楼在建筑技术上有哪些主要特点呢？

①材料技术（提示：建筑物主要用了哪些材料？这些材料是如何取得的？）：

_____

_____

_____

_____

_____

_____

_____。

②结构技术（提示：建筑物的主要结构是什么？这些结[...]什么？有何优劣之处？）：

_____

_____

_____

_____

_____。

③施工技术（提示：建筑物地基建设、部件加工、整体搭建是如何完成的？）：

_____

_____

_____

_____

_____

_____。

④设备技术（提示：古代建筑技术会用到哪些设备？）：

_____

_____

_____

_____

_____

_____。

思考：现代建筑技术与古代建筑技术有哪些传承和变化，这些变化背后的根源是什么？

三、探究穿斗式吊脚楼的形象

构成建筑形象的因素有建筑的体型、内外部空间的组合、立面构图、细部与重点装饰处理、材料的质感与色彩、光影变化等。建筑形象体现当地的经济、社会发展水平，也是长期以来形成的一种地域文化。穿斗式吊脚楼充分展示了浓郁的巴渝文化风格，它在形象上有哪些鲜明的特征呢?

①经济价值（提示：吊脚楼建设过程中在人力、物力方面有何优势？）：

_____

_____

_____

_____

_____。

②社会性能（提示：吊脚楼的建设对人们的起居和社会的发展有何影响？）：

_____

_____

_____

_____。

③文化元素（提示：吊脚楼的设计融入了哪些巴渝文化？）：

_____

_____

_____

_____

_____。

穿枓式和穿枓式房屋

穿枓式是房屋的一种架构形式。通常是房屋的四个立面由木制的立柱作为受力主体，木柱间距一般为 1 m 以上，木柱之间用木制的穿枋通过榫卯形式穿透相连，起到固定、连接和分力的作用。穿枓式构架是一种轻型构架，柱径一般为 20~30 cm，穿枋断面不超过 $6×12~10×20$ cm^2，檩距一般在 100 cm 以内，椽的用料也较细。

穿枓式房屋是沿房屋的进深方向按檩数立一排柱，每柱上架一檩，檩上布椽，屋面荷载直接由檩传至柱，不用梁。每排柱子靠穿透柱身的穿枋横向贯穿起来，成一榀构架。每两榀构架之间使用斗枋和纤子连接起来，形成一间房间的空间构架。斗枋用在檐柱柱头之间，形如抬梁构架中的阑额，纤子用在内柱之间。斗枋、纤子往往兼作房屋阁楼的龙骨。

穿枓式构架用料较少，建造时先在地面上拼装成整榀屋架，然后竖立起来，具有省工、省料、便于施工的优点。同时，密列的立柱也便于安装壁板和筑夹泥墙。椽上直接铺瓦，不加望板、望砖。屋顶重量较轻，有优良的防震性能。

在古老的巴渝大地，人们为了有效利用沟壑纵横、山地起伏的地形，再加上对木、竹、泥、稻草等资源就地取材，源用中国最古老的榫卯结构，创

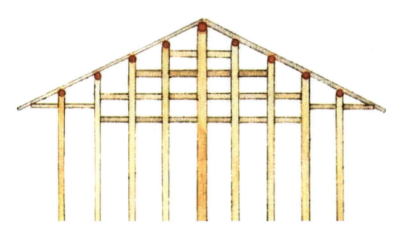

图3.2 穿枓式结构

图 3.3　穿斗式吊脚楼

造了这样一种独具特色的建筑模式——穿斗式吊脚楼。穿斗式吊脚楼结构相对简单，建造工艺简洁，建造成本低廉，建造周期短暂，符合巴渝人民勤俭节约的风格。此种建筑还有防潮、防盗、防野兽、防震的功能，对当地人们的生存起到了很好的保护作用，所以这种建筑风格和文化才会代代相传，经久不衰。

课后拓展：随着时代的发展，吊脚楼逐渐被今天的高楼大厦所取代，但是其建筑科技和文化元素不可磨灭，它对今天建筑的设计和建造有什么样的启示呢？

第二节　巴渝穿斗式吊脚楼模型设计

探索了巴渝穿斗式吊脚楼的建筑科技和文化元素，知道了它的功能、建筑技术及形象方面的特点，下面我们循着古代建筑师们的足迹，一起来设计一个穿斗式吊脚楼的模型，传承我们的巴渝建筑科技文化。当然，在设计的时候也可以融入现代建造的元素，同时提倡设计创新。

一、设计在技术制造和创造中的作用

在开展一项技术制作或者技术创造的过程中，设计是其中的首要环节，也是最关键的环节之一。设计是根据项目的要求，在充分考虑材料、结构、加工工艺及整体功能基础上的一项技术活动。设计的表达方式多种多样，有文字的、图纸的、模型的、虚拟演示的等。建筑设计一般是图纸的。

穿枓式吊脚楼模型的设计，图样主要有整体模样图形设计（一般为草图）、项目制作详细图样设计、项目主要结构设计和各部分的排料图样设计等。

二、项目的整体模样图形设计

项目的整体模样图形通常反映建筑物呈现出来的整体效果，大致反映出建筑物的整体外观，各个结构的大致位置，以及建筑物的建构特点等。

在设计的时候，通常是采用简图（简笔画或者草图）等方式来完成的。绘制简图是不用绘图工具的，按照目测出的大致比例徒手画出图样。绘图要求画线要稳，图线要清晰，目测尺寸大致准确，比例大致匀称。

图 3.4—图 3.6 是吊脚楼的简笔画，图 3.7 是吊脚楼的草图图样。

 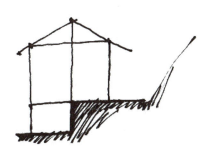

图 3.4　吊脚楼简笔画 1

图 3.5　吊脚楼简笔画 2

图 3.6　吊脚楼简笔画 3

图 3.7　吊脚楼草图

请同学们根据简图绘制要求，画出吊脚楼设计的整体图样：

三、项目制作详细图样的设计

建筑物制作（施工）详细图样的设计主要是指其平面图、立面图的设计。在设计这些图形的时候，必须要考虑其尺寸的大小，用料的多少，各部分之间的相互连接等，如图 3.8 所示。

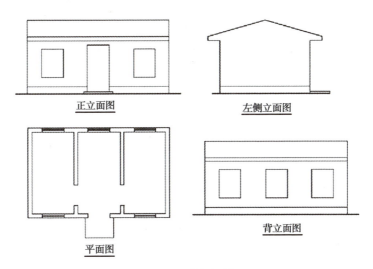

图 3.8　详细图样

1. 房屋的平面图设计

房屋的平面图是指将房屋水平破开，向下投影形成的水平剖面图。要考虑墙体、门窗、露台、楼梯等结构。当然，尺寸是必不可少的，如图 3.9 所示。

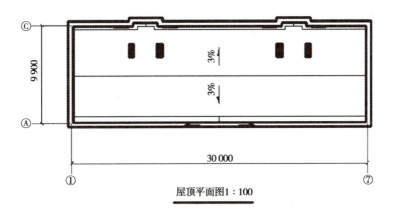

图 3.9　屋顶平面图

思考: 穿枓式房屋的墙体设计与普通实体墙在设计的时候有何区别?

2. 房屋的立面图设计

房屋的立面通常包含四个部分，即正立面、背立面、左立面、右立面，也可以根据方位按照东西南北来划分。

对于穿枓式吊脚楼，正立面和背立面的图形有结构上的区别，大家在设计的时候要认真考虑，至于左右立面，大致相同。在立面图设计的时候，一方面要考虑立柱的多少、高度，穿枋的位置及稳定效果；还要考虑几个面的尺寸及连接。

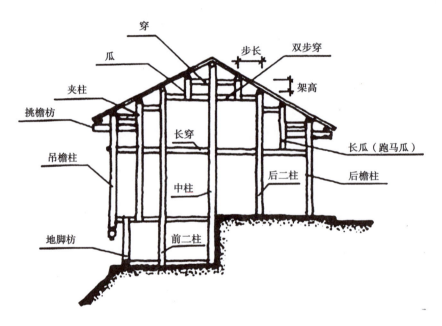

图 3.10　左右立面图

图 3.11 正立面图

四、项目主要结构设计

项目主要结构设计，主要是指项目特殊结构及连接方式的设计图样。穿枋式吊脚楼的主要结构是"穿枋"，其特点就是穿枋与立柱通过榫卯式接合，形成稳固的框架式结构。在穿枋式设计的时候，中间立柱与穿枋通常是全穿透，端柱既可以用全穿式，也可以用半穿式。为了达到稳定的效果，穿枋与立柱之间还可以用木钎子插接固定。

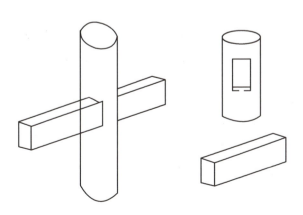

图 3.12 吊脚楼穿枋式结构

图 3.13　吊脚楼穿料式架构

五、排料图设计

排料图就是根据上面几部分的设计，规划出各个部分的用料，包含用料的大小、长短，打孔开榫的位置，榫卯的接合部位等。排料画线时，力求尺寸准确，方位清楚，编号有序，连接考虑周全。

排料图可以在纸质图样上先完成，也可以直接根据设计的需要在木料上完成。

图 3.14　排料图

课后拓展：
1. 在设计的过程中，如何既牢固又节省材料、减少资源浪费？
2. 如何做到设计既美观又兼顾科学合理？

第三节　巴渝穿料式吊脚楼模型制作

我们完成对建筑物整体的设计后，就要对各个部件进行加工制作了。在对部件进行加工制作时，会涉及加工工艺。工艺是指在技术活动中加工的程序和方法。常见的加工工艺有切削、装配和表面涂饰。常见的木工工艺有画线、锯割、打孔、锉削、装配、表面涂饰等。

一、简单的木工工艺

1. 画线

画线是根据设计的要求，结合材料的锯割、打孔等工艺，在材料上标出图线或者记号的过程。在木材画线的过程中，要运用到的工具有墨斗、角尺、铅笔、圆规以及各种量具等。

图 3.15　角尺画线

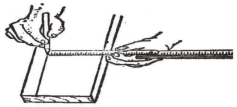

图 3.16　直尺拖画线

在画线的时候，一定要标明材料的去留，还要做好打孔位置的标注。同样，因为加工的损耗和误差，我们在画线的时候要对材料适当留有余地，以免加工时出现尺寸差异。

为把材料加工成相同规格的部件，我们应该统一画线，以使材料在加工的时候形成统一的标准。

思考：在使用角尺画线的时候，我们对基面有什么要求？

动手操作

①用直尺或者角尺在木板上画一组平行线。

要求：每条线与端面垂直；每条线长度不小于 600 mm 且相等；线与线之间保持平行且间距 30 mm；线的条数不少于 10 条。

②在木板上画一个正五角星。

要求：每条边的长度不小于 200 mm，尽量减少木材的浪费。

③在木板上画一个椭圆。

要求：椭圆两焦点的间距不小于 300 mm，尽量减少木材浪费。

2. 锯割

锯割是部件加工的重要工艺，我们通常是用各种锯来完成的，如框锯、手锯、丝锯、电动锯等。在锯割的时候，一定要对材料进行固定，以免伤到

图 3.17　电动直线锯　　　　　　图 3.18　电动曲线锯

图 3.19　框锯　　　　　　图 3.20　手锯

肢体，以及材料移动造成加工误差。

电动锯割的要领：

①推锯时加压，回拉时不加压；

②锯速由慢到快，锯程由短到长；

③注意保持锯线的铅直与锯面的整齐。

 动手操作

①用手锯加工木条。

要求：锯缝与划线一致；木条两边锯缝铅直；木条宽度相等；锯面与板面垂直。

②用电动直线锯加工正五角星。

要求：每条锯边铅直；五角星每个顶角和夹角角度大小一致。

③用电动曲线锯加工椭圆。

要求：椭圆锯边圆滑；锯缝围绕划线走锯。

3. 打孔

打孔有方孔和圆孔两类。

方孔会用到凿子。

图 3.21　凿子

圆孔会用到钻。为提高加工效率，一般使用电钻来进行。

图 3.22　手持电钻钻木头

　　穿料式吊脚楼通常需要凿榫卯结构的方孔。因为本项目是模型搭建，我们打孔通常用电钻来打圆孔。

　　打孔要领：在打孔时要固定加工材料，用钻头顶部对准打孔位置，由轻到重。打孔时不能戴手套操作。

动手操作

　　用手持电钻在木条上打孔。

　　要求：在木条上标出打孔的位置。每个孔间距不得大于 20 mm；孔的大小规格不得少于 5 种；每组孔不得少于 3 个。

4. 锉削

　　锉削就是用木工锉对材料进行精细的加工，去掉多余的或者粗糙的部分。

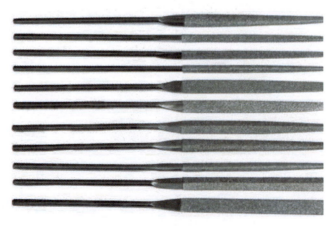

图 3.23　各种类型的锉刀

锉削要领：锉削时，先固定工件，右手在前，左手在后，推锉时加压，回拉时不加压。根据不同的要求选用不同的锉刀。

 动手操作

①用锉刀加工正五角星。

要求：每条边铅直光滑；每个角大小规则。

②用锉刀加工椭圆。

要求：椭圆边光滑；椭圆形状规则。

二、吊脚楼模型部件的制作

1. 立柱的制作

根据设计图和排料图的要求，立柱的制作需要锯割和打孔。

①在锯割的时候，应注意相同结构的立柱长短要一致，锯面要平整。这样做下来偏差才会较小，建议相同长度的立柱按照划线要求统一锯割。

②在打孔的时候，一定要按照划线位置打孔，部件固定要平稳，切忌把孔打斜打歪。建议对相同位置的孔，把部件组合，统一打孔。

③在制作立柱时，建议对立柱的长短及位置进行编号，以免搭建时配错位置。

2. 穿枋的制作

相对立柱的制作，穿枋的制作较为简单，主要是锯割穿枋的长短，并对穿枋的位置进行编号。

课后拓展：
1. 练习工具的使用，注意结合材料选用不同的加工工具。
2. 学习不同的木工加工工艺，熟悉特殊工具的使用。

第四节　巴渝穿料式吊脚楼模型的搭建和测试

在完成了各部分的制作后，我们要对模型的搭建与测试工作进行检测。

一、吊脚楼模型的搭建

在完成各个部件的加工后，我们就要对各个部件进行组合，搭建成完整的作品。

1. 主体结构的搭建

（1）排扇的搭建

根据设计要求，按照尺寸和立柱的位置先用长穿枋对立柱进行穿连，然后再依次由长到短，逐个穿连，最后连成整扇。同理，其他排扇也是如此连接，

（2）立面的搭建

立面搭建与排扇相似，只是穿枋基本长度相同，顺序一般为先中间，后两端。

（3）整体搭建

根据接口，整体穿连。

2. 附属结构的搭建

（1）屋顶的搭建

根据立柱的要求，分别搭建横梁，注意横梁在搭建的时候一定要保持在一个斜面，以便后面好铺椽子。

（2）其他附属结构的搭建

其他附属结构包括露台、楼梯等，在搭建的时候注意各个连接之间的关系。

二、受力测试

一栋房屋建好后，要对房屋的各种受力进行测试，以检验房屋能否达到建设要求，保证居住者的安全。常见的测试有房屋受外力影响的稳定性、抗力强度和内部受力结构的牢固性等。

1. 外部环境因素

①风力测试（测试房屋整体的抗风能力）。

图 3.24　房屋抗风能力测试

②抗震测试（测试房屋的抗震能力）。

图 3.25　房屋抗震能力测试

③承重测试（测试房屋局部承受重压的能力）。

图 3.26　房屋承重能力测试

2. 内部因素

①结构的抗压力测试。

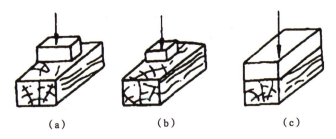

（a）　　　　　　（b）　　　　　　（c）

图 3.27　抗压力测试图

②结构的抗剪切力测试。

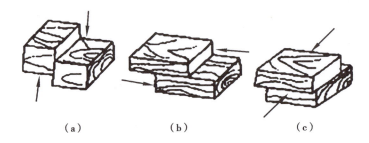

（a）　　　　　　（b）　　　　　　（c）

图 3.28　抗剪切力测试

③结构的抗弯曲力测试。

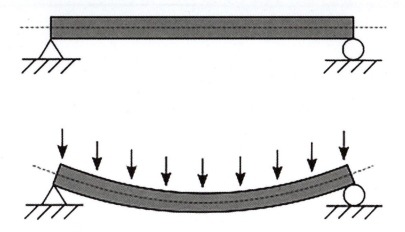

图 3.29　抗弯曲力测试

三、优化及美饰

在整体结构测试合格后，开展优化和美饰活动。

①模型整体结构的打磨，让整个房屋外形结构变得更美观。对结构不够方正美观的部分进行修削，用砂纸对各个结构进行打磨，让结构变得光滑耐看。

②装饰结构的制作。根据设计需要和美观程度制作装饰结构。

③根据环境要求涂色和美饰。

课后拓展：

1. 吊脚楼的建设在功能、建筑技术、形象上还可以融入哪些现代科技元素，以符合现代建筑的需要？

2. 在科技高度发达的今天，如何让建筑更加科技和环保？

第二章　智慧伙伴

第一节　探索身边的智慧电路

　　小勇同学善于动手动脑并且很细心，但难免也会出现失误。夏天的夜晚，小勇同学十分口渴，便在冰箱里拿了一瓶冰镇水，但忘了关上冰箱的门。第二天早上，妈妈起来做早饭的时候，才发现冰箱开了一夜，再次关上冰箱门，却发现冰箱已经不制冷了，只好请来了维修师傅。

　　在维修师傅工作时，小勇仔细地观察师傅拆卸冰箱进行维修的过程，好奇地询问起冰箱受损的原因。除了询问维修师傅之外，善于学习的小勇还查阅了关于冰箱制冷传感电路的资料，学习起关于传感控制电路的相关知识，最终找到了冰箱损坏的原因。原来，冰箱门打开时，温度传感器一直感受到冰箱处于高温，把信号反馈给控制器，控制器就连续指挥执行器——电动机工作，电动机由于长时间不停的工作，发热量过大，就把内部的线圈给熔断了。

　　这次失误虽然带来了不小的麻烦，但是好学的小勇却明白了冰箱背后智慧电路的原理，发现身边还有许多可以用智慧电路来解决的问题，开启了对智慧电路设计的探索。

　　聪明的你，愿意和小勇同学一起来探索吗？

一、发现身边的简单智慧电路

　　简单的智慧电路一般由传感器、控制器、执行器及电源组成，能够行使一定任务的控制电路。常见的智慧电路有温控电路、光控电路、湿敏电路、力敏电路、气敏电路、电压敏电路、磁敏电路、声控电路、密码及人脸识别电路等。

　　同学们，你能结合身边的自动控制产品，找出含有智慧控制电路的设备吗？

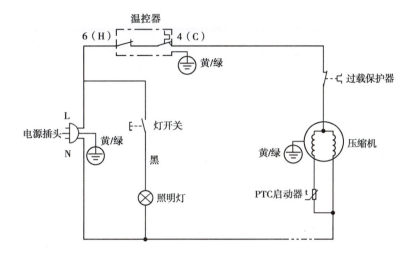

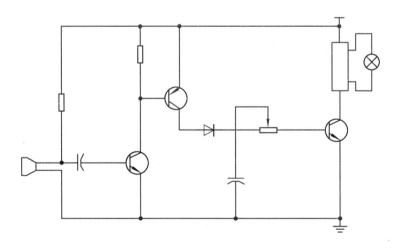

图 3.30　简单的冰箱温控电路图

①含有温控电路的设备有：

_____

_____

_____

_____ 。

②含有光控电路的设备有：

_____

_____

_____。

③含有湿敏电路的设备有：

_____

_____

_____。

④含有力敏电路的设备有：

_____

_____

_____。

⑤含有气敏电路的设备有：

_____

_____

_____。

⑥含有压敏电路的设备有：

_____

_____

_____。

⑦含有磁敏电路的设备有：

_____

_____

_____。

⑧含有声控电路的设备有：

_____

_____

_____。

⑨含有密码及人脸识别电路的设备有：

_____

_____

_____。

二、阅读身边的简单智慧电路

经过细心地观察和寻找，我们发现身边的智慧电路实在是太多了，它给我们的生活和生产带来了极大的方便，推动了社会、经济快速且高品质的发展。那么，这些电路是怎么构成的，它的控制过程又是怎样的呢？

有的控制电路是单向的，只需要给一个输入信号，就会得到一个输出结果，没有调节功能。比如楼道里边的声控电路，我们给一个适量的声音输入信号，电灯就会发光，而且声音对光的强弱没有调节作用；手机人脸识别电路，我们只要头像对着摄像头，符合识别信息，手机就会打开。这类电路我们叫它单向控制电路，其运行过程框图如下：

有的控制电路是循环的，当输入信号后，得到输出信号还要与设定值相比较，如果输出信号与设定值不符，控制电路就要进行调节，直到输出信号与设定值相符为止。相比之下，这类控制电路更为复杂，要求更高。比如冰箱的温控调节电路，当冰箱室内温度没有达到设定温度，温控传感器就要把信号传给控制器，控制器就要控制压缩机输出冷气，直到冰箱室达到设定温度为止。这类电路我们叫它循环控制电路，其运行过程框图如下：

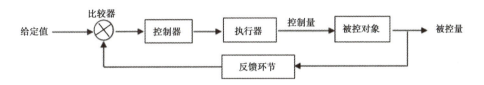

前面大家发现的智慧电路分别属于哪一类呢？请大家填写在下列表格中。

单向控制 智慧电路	
循环控制 智慧电路	

第二节　发现身边可以用智慧电路来解决的问题

同学们，发现问题的方式有很多，你知道哪些方式呢？

> 不是我们身边缺少问题，而是我们需要有一双发现问题的慧眼和一个具有想象力的大脑！

一、通过观察去寻找问题

筷子放在兜里久了会发霉，究其原因是筷子洗净之后有一定湿度，潮湿的环境滋生了细菌和霉菌。如何来解决这个问题呢？首先要检测湿度，然后是加热和通风，这样一个防止筷子发霉的智慧电路就构建好了。

除了筷子以外，大家还会想到什么物品需要通过湿度检测并自动烘干

图 3.31　筷子存放久了会发霉

呢？如洗脸后的毛巾、刷牙后的牙刷、换季的衣服等。

反过来，除了烘干以外，大家还会想到什么地方需要通过湿度检测并自动增湿呢？

同样，除了检测湿度外，还可以通过检测温度、光照、力敏、密码等控制电路解决问题。

仔细观察，你肯定会找到问题的？

二、关注社会热点去发现问题

学校为了让同学们加强体育锻炼，在运动场安装了高强度的照明灯，以解决光线较暗的时候同学们锻炼的安全问题。那么问题来了，这个灯在什么时候开比较合适呢？打开后什么时候关呢？如果遇到下雨天这个灯还开不开？为了保证实时照明，又要达到节能效果，同学们思考一下可以通过哪些方式实现智慧控制——既能照明节能，又能自动控制。

火灾导引灯：火灾是一种常见的偶发事故，当发生火灾时，什么方向才是安全方向呢？可否通过烟雾检测装置设计一个火灾安全引导灯呢？

除了火灾以外，大家还会想到哪些安全检测并自动实施控制的装置呢？比如用电、交通、溺水、自然灾害等。

社会热点除了安全以外，还有其他方面的热点吗？比如助残、助农、节能减排等。

图 3.32　运动场照明控制

三、充满热爱　认真反思

学校开关门系统：学校班级教室门如何做到统一开关，减轻工作人员的负担。

教室换气系统：教室 CO_2 检测通风换气系统，让教室空气清新。

除此以外，做饭时经常忘了关火，可否设计一个相关的监测报警系统，做到安全控制呢？当然，关于家庭安全方面的问题还有很多。

通过身边问题的发现，大家是不是觉得需要智慧控制解决的问题很多呢？大家把问题提出来，共同论证一下，哪些问题是值得解决的，能够产生创新价值，并且能够当前解决的。

课后拓展：调查身边的智慧电路，寻找需要运用智慧电路解决的问题。

第三节　学习电子工具的使用

"工欲善其事，必先利其器""没有金刚钻，不揽瓷器活"。学会常见电子工具的使用和操作是智慧控制电路创作的前提。

一、了解常用的电工工具

常用电工工具主要有增力类工具、夹持类工具、切削类工具、电动工具等。

1. 增力类工具

螺丝刀、扳手、锤子等。

图 3.33　螺丝刀

图 3.34　活动扳手

图 3.35　内六角扳手

图 3.36　电工锤子

2. 夹持类工具

镊子、尖嘴钳、鲤鱼钳、台虎钳等。

图 3.37　电工镊子

图 3.38　尖嘴钳

图 3.39　鲤鱼钳

图 3.40　台虎钳

3. 切削类工具

电工刀、钢丝钳、斜口钳、剥线钳等。

图 3.41　电工刀

图 3.42　钢丝钳

图 3.43　斜口钳

图 3.44　剥线钳

4. 电动工具

电钻（电动螺丝刀）

动手操作

熟练掌握各种工具的使用。

要求：注意操作规范和使用安全。

二、电子焊接工具的使用

图 3.45　电钻（电动螺丝刀）

1. 电子焊接基本知识

电路板焊接技术主要采用锡铅焊料进行焊接，简称锡焊。其机理是：在焊接热的作用下，焊料熔化并湿润焊接面，依靠焊件、铜箔两者间原子分子的移动，引起金属之间的扩散，形成在铜箔与焊件之间的金属合金层，并使铜箔与焊件连接在一起，得到牢固可靠的焊接点。要想实现电路板的焊接离不开焊接工具，下面我们主要介绍电路板的焊接工具及其使用方法。

2. 电路板焊接工具

主要包括：电烙铁、锡料与焊剂以及辅助工具。

（1）电烙铁

电烙铁是电路板焊接中最主要的焊接工具，分为外热式和内热式电烙铁。一般由烙铁头、烙铁芯、外壳、手柄、插头等部分所组成。小功率电烙铁的烙铁头温度一般为 300~400 ℃。焊接集成电路、印制线路板、CMOS 电路一般选用 20 W 内热式电烙铁。使用的烙铁功率太大，容易烫坏元器件（一般二极管、三极管结点温度超过 200 ℃就会烧坏）和使印制板导线从基板上脱落；使用的烙铁功率太小，焊锡不能充分熔化，焊剂不能挥发出来，焊点不光滑、不牢固，易产生虚焊。

图 3.46　电烙铁　　　　　图 3.47　恒温焊台

（2）锡料与焊剂

焊接时，还需要锡料和焊剂。

锡料：锡（Sn）是一种质地柔软、延展性大的银白色金属，熔点为232℃，在常温下化学性能稳定，不易氧化，不失金属光泽，抗腐蚀能力强。

铅（Pb）是一种较软的浅青白色金属，熔点为327℃，高纯度的铅抗腐蚀能力强，化学稳定性好，但对人体有害。

锡中加入一定比例的铅和少量其他金属可制成熔点低、流动性好、对元件和导线的附着能力强、机械强度高、导电性好、不易氧化、抗腐蚀性强、焊点光亮美观的焊料，一般称焊锡。焊锡按含锡量的多少可分为15种；按含锡量和杂质的化学成分分为S、A、B三个等级。焊接电子元件，一般采用有松香芯的丝状焊锡丝。这种焊锡丝，熔点较低，而且内含松香助焊剂，使用方便。

图3.48　焊锡丝

焊剂：按功能分为助焊剂和阻焊剂两种。

①助焊剂。

图3.49　松香（助焊剂）

在焊接的过程中使用助焊剂，可以帮助我们清除金属表面的氧化物，既利于焊接，又可保护烙铁头。助焊剂能溶解、去除金属表面的氧化物，并在焊接加热时包围金属的表面，使之与空气隔绝，防止金属在加热时氧化；可降低熔融焊锡的表面张力，有利于焊锡的湿润。助焊剂一般可分为无机助焊剂、有机助焊剂和树脂助焊剂。目前通常采用的助焊剂是松香或松香水（将松香溶于酒精中）。

图 3.50　阻焊剂

焊接较大元件或导线时，也可采用焊锡膏，但它有一定腐蚀性，焊接后应及时清除残留物。

②阻焊剂。

阻焊剂可以把不需要焊接的印制电路板的板面部分覆盖起来，只在需要的焊点上进行焊接，能够保护面板，使其在焊接时受到加热冲击小，不易起泡，同时还能防止桥接、拉尖、短路、虚焊等情况。

使用焊剂时，必须根据被焊件的面积大小和表面状态适量施用，用量过小则影响焊接质量，用量过多，焊剂残渣将会腐蚀元件或使电路板绝缘性能变差。

3. 手工焊接的基本操作步骤

电烙铁的握法分为三种：反握法、正握法、握笔法。

①准备施焊：左手拿焊丝，右手握烙铁，进入备焊状态。要求烙铁头保持干净，无焊渣等氧化物，并在烙铁头上镀一层锡。焊接前，电烙铁要充分预热。烙铁头刃面上要吃锡，即带上一定量焊锡。

②加热焊件：将烙铁头刃面紧贴在焊点处，加热整个焊件，时间大约1～2秒。要注意使烙铁头同时接触两个被焊接物。

③送入焊丝：电烙铁与水平面大约成60度角，以便于熔化的锡从烙铁头上流到焊点上。焊件的焊接面被加热到一定温度时，焊锡丝从烙铁对面接触焊件。烙铁头在焊点处停留的时间控制在2～3秒。（注意不要把焊锡丝送到烙铁头上！）

④移开焊丝：当焊丝熔化一定量后，立即向左上45度方向移开焊丝。

⑤移开烙铁：焊锡浸润焊盘和焊件的施焊部位以后，向右上45度方向移开烙铁，结束焊接，然后用偏口钳剪去多余的引线。

送焊丝到移开烙铁的时间大约也是1～2秒。

| 准备 | 预热 | 送焊丝 | 移焊丝 | 移烙铁 |

图 3.51 "五步法"电子焊接流程

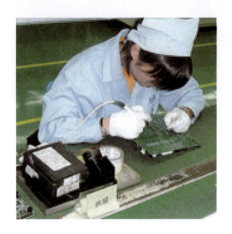

图 3.52 电子焊接

🖇 **动手操作**

练习五步法电子焊接。

要求：在焊接练习板上焊接 20 个焊点，要求焊点平滑、无虚焊，焊点间无粘连。注意操作规范和使用安全。

4.焊接工具的使用方法及主要事项

①电烙铁使用前检查电压是否相符。

②电烙铁应保持干燥，严禁在潮湿环境下工作。

③新烙铁头首次使用时，因电热元件烘热而可能轻微发烟，这是正常现象。

④发热部分温度高，请使用烙铁架，注意防火或者防烫伤。

⑤拉出焊接头使用会缩短发热元件寿命。

⑥使用后取下插头，让其自然冷却，切不可用水、湿海棉降温，否则会

使烙铁头氧化。

⑦长寿命焊头不可用锉刀锉。

⑧严禁用锉刀或锤子修锉、敲打合金焊嘴。应用细砂皮打磨焊嘴，再用助焊剂浸润后上锡，上锡时焊嘴温度控制在 250 ℃左右最佳。

⑨保持焊嘴始终挂锡。

⑩用锡焊接时，不可采用较强酸性助焊剂。

⑪电烙铁通电使用时，严禁随意拆卸其电热部件。

⑫电烙铁使用过程中，应配备具有自然散热结构的烙铁座，并放置在烙铁座内（建议选用铸铁型烙铁座，其质量大、稳定）。

⑬如果电源软线损坏，为避免危险，必须由制造厂或其维修部，或相关的专职人员更换。

三、万用表的使用

万用表是一种多功能、多量程的测量仪表，一般万用表可测量直流电流、直流电压、交流电压、电阻和音频电平等，有的还可以测量交流电流、电容量、电感量及半导体的一些参数，是一种简单实用的测量仪器。常用的万用表都是数字万用表，指针万用表很少用。

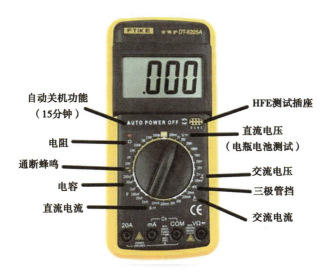

图 3.53　数字万用表

图 3.54　指针万用表

1.万用表的使用方法

①在使用模拟万用表时分别将两只测量表笔的一端按红接正（＋）、黑接负（－）的要求插到测量端，然后确认指针是否在"0"位。指针应与刻度盘左侧的端线对齐，如果不一致，则要进行零位调整。在进行电流和电压测量之前，要先估计一下待测电流或电压的范围，先设在较大的挡位，然后再调到合适的挡位，避免将万用表烧坏。

②在进行测量时，要考虑到万用表内阻的影响。例如，为了测量电压，要将表笔接到被测电路上，这时万用表内的电阻上也有电流流过，这对测量值有一定的影响。测量同一点的电压时，若使用不同的挡位，则万用表的内阻不同，影响程度也不同。

③在测量晶体管电子电路时，以直流挡选 20 kΩ/V 的内阻比较好，这个数值通常标注在万用表刻度盘上。另外，晶体管电路往往还需要测量低值电压，例如 0.1 V，这时所选万用表要具有 1 V 挡的测量范围。

动手操作

用万用表测量数值。

要求：用万用表测量常见电压值、电流值、电阻值等。

2. 万用表使用注意事项

①在使用万用表之前，应先进行"机械调零"，即在没有被测电量时，使万用表指针指在零电压或零电流的位置上。

②在使用万用表过程中，不能用手去接触表笔的金属部分，一方面可以保证测量的准确，另一方面也可以保证人身安全。

③在测量某一电量时，不能在测量的同时换挡，尤其是在测量高电压或大电流时，更应注意。否则，会使万用表毁坏。如需换挡，应先断开表笔，换挡后再去测量。

④万用表在使用时，必须水平放置，以免造成误差。同时，还要避免外界磁场对万用表的影响。

⑤万用表使用完毕后，应将转换开关置于交流电压的最大挡。如果长期不使用，还应将万用表内部的电池取出来，以免电池腐蚀表内其他器件。

第四节　研学电子元件的性能

一、电阻

电阻在电路中用"R"加数字表示，如：R13 表示编号为 13 的电阻。电阻在电路中的主要作用为分流、限流、分压、偏置、滤波（与电容器组合使用）和阻抗匹配等。

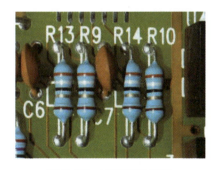

图 3.55　电阻器的符号

图 3.56　贴片电阻识别

数标法主要用于贴片等小体积的电路，如：103 表示 10 000 Ω（10 后面加 3 个 0）也就是 10 kΩ。

色环标注法使用最多，现举例如下：

碳质电阻和一些 1/8 瓦碳膜电阻的阻值和误差用色环表示。在电阻上有三道或者四道色环。靠近电阻端的是第一道色环，其余顺次是二、三、四道色环，如图 3.57 所示。第一道色环表示阻值的最大一位数字；第二道色环表示第二位数字；第三道色环表示倍率；第四道色环表示阻值的误差。色环颜色所代表的数字或者意义见表 3.1。

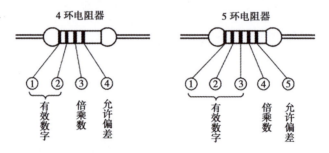

图 3.57　色环电阻器的表示方法

表 3.1　色环颜色所代表的数字和意义

色别	第一色环最大一位数字	第二色环第二位数字	第三色环应乘的数	第四色环误差
棕	1	1	10	± 1%
红	2	2	100	± 2%
橙	3	3	1 000	—
黄	4	4	10 000	—
绿	5	5	100 000	± 0.5%
蓝	6	6	1 000 000	± 0.25%
紫	7	7	10 000 000	± 0.1%
灰	8	8	100 000 000	—
白	9	9	1 000 000 000	+5~-20%
黑	0	0	1	—
金			0.1	± 5%
银			0.01	± 10%
无色				± 20%

比如有一个碳质电阻，它有四道色环，顺序是红、黑、红、金。这个电阻的阻值就是 2 000 Ω，误差是 ±5%。

二、电容

1. 电容在电路中一般用"C"加数字表示

电容是由两片金属膜紧靠，中间用绝缘材料隔开而组成的元件。电容的特性主要是隔直流，通交流。

图 3.58　电路板上的电容器

常用电容有电解电容、瓷片电容、贴片电容、独石电容、钽电容和涤纶电容等。

2. 识别方法

电容的识别方法与电阻的识别方法基本相同，分直标法、色标法和数标法 3 种。电容的基本单位用法拉（F）表示，其他单位还有：毫法（mF）、微法（μF）、纳法（nF）、皮法（pF）。其中：
1 法拉 $=10^3$ 毫法 $=10^6$ 微法 $=10^9$ 纳法 $=10^{12}$ 皮法，容量大的电容其容量值在电容上直接标明，如 10 μF/16 V，容量小的电容其容量值在电容上用字母或数字表示。

字母表示法：1 m=1 000 μF；1P2=1.2 pF；1n=1 000 pF。

图 3.59　104 瓷片电容器

数字表示法：一般用三位数字表示容量大小，前两位表示有效数字，第三位数字是倍率。

如：102 表示 10×10^2 pF=1 000 pF；224 表示 22×10^4 pF=0.22 μF。

3. 电容接法

电容一般标有"+""-"极，如果没有标明，则一般长脚为正极，短脚为负极，接入电路时不能接反。

三、晶体二极管

晶体二极管在电路中常用"D"加数字表示，如：D7 表示编号为 7 的二极管。

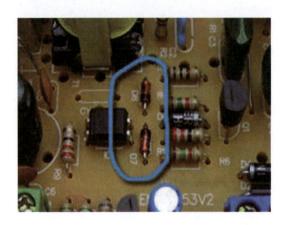

图 3.60　二极管在电路中的表示方法

（一）二极管的基本知识

1. 作用

二极管的主要特性是单向导电性，也就是在正向电压的作用下，导通电阻很小；而在反向电压作用下导通电阻极大或无穷大。晶体二极管按作用可分为：整流二极管（如 1N4004）、隔离二极管（如 1N4148）、肖特基二极管（如 BAT85）、发光二极管、稳压二极管等。

2. 识别方法

二极管的识别很简单，小功率二极管的 N 极（负极）在二极管外表大多采用一种色圈标出来，有些二极管也用二极管专用符号来表示 P 极（正极）

或 N 极（负极），也有采用符号标志为"P""N"来确定二极管极性的。发光二极管的正负极可依据引脚长短来识别，长脚为正，短脚为负。

3. 测试注意事项

用数字式万用表去测二极管时，红表笔接二极管的正极，黑表笔接二极管的负极，此时测得的阻值才是二极管的正向导通阻值，这与指针式万用表的表笔接法刚好相反。

绝大多数的电子电路中，都要用到半导体二极管，它在许多电路中起着重要的作用，是诞生最早的半导体器件之一，应用非常广泛。

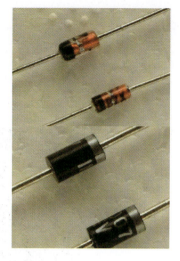

图 3.61　二极管的识别

（二）二极管的应用

1. 整流二极管

利用二极管单向导电性，可以把方向交替变化的交流电变换成单一方向的脉动直流电。

2. 开关元件

二极管在正向电压作用下电阻很小，处于导通状态，相当于一只接通的开关；在反向电压作用下，电阻很大，处于截止状态，如同一只断开的开关。利用二极管的开关特性，可以组成各种逻辑电路。

3. 限幅元件

二极管正向导通后，它的正向压降基本保持不变（硅管为 0.7V，锗管为 0.3V）。利用这一特性，在电路中作为限幅元件，可以把信号幅度限制在一定范围内。

4. 继流二极管

在开关电源的电感中和继电器等感性负载中起继流作用。

5. 检波二极管

在收音机中起检波作用。

6. 变容二极管

用于电视机的高频头中。

四、电感

电感在电路中常用"L"加数字表示，如：L3 表示编号为 3 的电感。

图 3.62　电路板上的电感器

电感线圈是将绝缘的导线在绝缘的骨架上绕一定的圈数制成。

直流可通过线圈，直流电阻就是导线本身的电阻，压降很小；当交流信号通过线圈时，线圈两端将会产生自感电动势，自感电动势的方向与外加电压的方向相反，阻碍交流的通过，所以电感的特性是通直流阻交流，频率越高，线圈阻抗越大。电感在电路中可与电容组成振荡电路。

电感一般有直标法和色标法，色标法与电阻类似。如：棕、黑、金、金表示 $1\mu H$（误差 5%）的电感。

电感的基本单位为：亨（H）。换算单位有：$1\,H=10^{3}mH=10^{6}\mu H$。

五、晶体三极管

晶体三极管在电路中常用"Q"加数字表示，如：Q1 表示编号为 1 的三极管。

1. 特点

晶体三极管（简称三极管）是内部含有 2 个 PN 结，并且具有放大能力的特殊器件。它分 NPN 型和 PNP 型两种类型，这两种类型的三极管从工作特性上可互相弥补，所谓 OTL 电路中的对管就是指 PNP 型和 NPN 型配对使用。

常用的 PNP 型三极管有：9012、9015 等型号；NPN 型三极管有：9011、9012、9013、9014、9018 等型号。

图 3.63　电路板上的三极管

2. 晶体三极管具有电流放大作用

应用于多级放大器中间级，低频放大输入级、输出级，或作阻抗匹配，用于高频或宽频带电路及恒流源电路。

3. 晶体三极管的识别

常用晶体三极管的封装形式有金属封装和塑料封装两大类，引脚的排列方式具有一定的规律。对于小功率金属封装三极管，按底视图位置放置，使其三个引脚构成等腰三角形的顶点向上，从左向右依次为 e、b、c；对于中、小功率塑料封装三极管，按图示 3.64 位置使其平面朝向自己，三个引脚朝下放置，从左向右依次为 e、b、c。

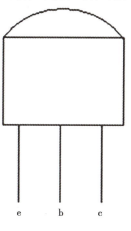

图 3.64　三极管

六、传感器的识别与运用

人类借助感觉器官从外界获取信息，而机器则借助传感器来帮助人类更好地研究自然规律和生产生活。为了适应各种各样的情况，传感器也分成不同的种类，可以说传感器就是机器的五感，更是人类五感的延伸。传感器可完成信息的传输、处理、存储、显示、记录、控制等多重要求，具有微型化、数字化、智慧化等多种功能，是实现自动化的第一环，广泛应用在工作、生活中。

图 3.65　传感器

1. 温度传感器

温度传感器是指能感受温度并转换成可用输出信号的传感器。温度传感器是温度测量仪表的核心部分，按测量方式可分为接触式和非接触式两大类；按照传感器材料及电子元件特性分为热电阻和热电偶两类。

温度传感器是最早开发、应用最广的一类传感器。在半导体技术的支持下，本世纪相继开发了半导体热电偶传感器、PN 结温度传感器和集成温度传感器。

2. 压力传感器

压力传感器是工业实践中最为常用的一种传感器，其广泛应用于各种工业自控环境，涉及水利水电、铁路交通、智慧建筑、生产自控、航空航天、军工、石化、油井、电力、船舶、机床、管道等众多行业。

3. 液位传感器

液位传感器是一种测量液位的压力传感器。液位传感器适用于石油化工、冶金、电力、制药、供排水、环保等系统和行业的各种介质的液位测量。

4. 电容式物位传感器

电容式物位传感器是利用被测介质面的变化引起电容变化的一种变介质型电容传感器。具有可靠性高，安装方便等特点，可广泛应用于冶金、采矿、等部门作料位控制，是应用最广的一种物位传感器。

因为电容量是连续变化的，因此该传感器可以用作连续式物位测量，也可用作物位开关，作为报警或喂料、卸料设备的输入信号。

5. 超声波传感器

超声波传感器是利用超声波的特性研制而成的传感器。超声波是一种振动频率高于声波的机械波，由换能晶片在电压的激励下发生振动产生的，它具有频率高、波长短、绕射现象小，特别是方向性好、能够成为射线而定向传播等特点。超声波对液体、固体的穿透本领很大，尤其是在不透明的固体中，它可穿透几十米的深度。

超声波传感技术应用在生产实践的不同方面，而医学应用是其最主要的应用之一。

第五节　创设需要的智慧电路

在前边的学习中发现了许多可以运用控制电路去解决的问题，并且对问题开展了科学性和可行性论证。现在，我们把论证的项目变成创新方案，让想法变成创新的现实。让我们一起行动，开展智慧创新控制电路的设计吧！

一、智慧控制电路的设计

电子控制电路四大基本组成部分：非电量输入信号、传感器、控制器、执行器。

非电量输入信号：光线、声音、温度、磁场等。

传感器：把非电量输入信号转成电信号。

控制器：把传感器输出信号放大、处理并传送给执行器。

执行器：把电信号转成声音或运动等。

下图是简单的声控电路照明原理图，图中传感器 MK 接收输入声音信号，转换成电信号，电信号经过逐级放大及变换后传送给执行器（照明灯）L，L 打开并发光。

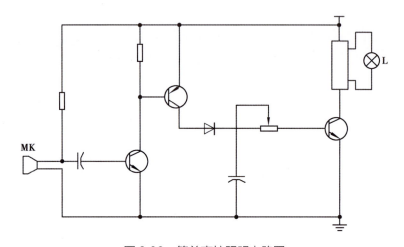

图 3.66　简单声控照明电路图

二、电子电路的设计基本步骤

1. 明确设计任务要求

充分了解设计任务的具体要求，如性能指标、内容及要求，明确设计任务。

2. 方案选择

根据掌握的知识和资料，针对设计提出的任务、要求和条件，绘制合理、可靠、经济、可行的设计框架，对其优缺点进行分析，做到心中有数。

3. 根据设计框架进行电路单元设计、参数计算和器件选择

具体设计时可以模仿成熟的电路进行改进和创新，注意信号之间的关系和限制。根据电路工作原理和分析方法，进行参数的估计与计算。器件选择时，元器件的工作、电压、频率和功耗等参数应满足电路指标要求，元器件

的极限参数必须留有足够的裕量，一般应大于额定值的 1.5 倍，电阻和电容的参数应选择计算值附近的标称值。

4. 电子电路设计原理图的绘制

电路原理图是组装、焊接、调试和检修的依据，绘制电路图时布局必须合理，排列均匀、清晰，便于看图，有利于读图；信号的流向一般从输入端或信号源画起，由左至右或由上至下按信号的流向依次画出单元电路，反馈通路的信号流向则与此相反；图形符号和标准，加适当的标注；连线应为直线，并且交叉和折弯应最少，互相连通的交叉处用圆点表示，地线用接地符号表示。

例 1 运动场自动控制照明电路

要求：①运动场亮度低时才能照明；②运动场有学生运动时才能照明；③运动场湿度小于一定值时才能照明。以上三个条件同时满足时才能照明。

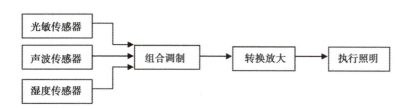

图 3.67 运动场自动控制照明电路

三、电子电路的组装

电路组装通常采用通用印刷电路板焊接和实验箱上插接两种方式，不管哪种方式，都要注意以下几个方面。

1. 集成电路

认清方向，找准第一脚，不要倒插，所有 IC 的插入方向一般应保持一致，管脚不能弯曲折断。

2. 元器件的装插

去除元件管脚上的氧化层，根据电路图确定器件的位置，并按信号的流向依次将元器件顺序连接。

3.导线的选用与连接

导线直径应与过孔（或插孔）相当，过大过细均不好；为检查电路方便，要根据不同用途，选择不同颜色的导线，一般习惯是正电源用红线，负电源用蓝线，地线用黑线，信号线用其他颜色的线；连接用的导线要求紧贴板上，焊接或接触良好，连接线不允许跨越 IC 或其他器件，尽量做到横平竖直，便于查线和更换器件，但高频电路部分的连线应尽量短；电路之间要有公共地。

在电路的输入、输出端和其测试端应预留测试空间和接线柱，以方便测量调试。

布局合理和组装正确的电路，不仅电路整齐美观，而且能提高电路工作的可靠性，便于检查和排除故障。

第一节　逆风行驶装置的设计与制作

重庆位于长江和嘉陵江交汇之处，水力资源丰富，在机械化不够发达的年代，人们早已利用风能乘风破浪了。然而利用风能的帆船是怎么做到逆风而行的呢？ 就让我们一起来设计和制作一个逆风行驶的装置吧！

一、设计

要让装置逆风行驶，只需要风提供的动力大于前进的阻力就可以了。减轻自身重量、使用合理的结构和传动方式均可提高我们利用风能的效率。

图3.68　帆船

（一）设计元素

①逆风行驶装置包含的几个基本部分：结构——装置框架，传动——推进装置，收集——能量获得装置。

②逆风行驶装置的内部系统分析：结构与阻力；重量与速度；扇叶与面积；风量与距离；传动方式与效率等。

③逆风行驶装置竞速的外部环境分析：受力——阻力（空气阻力，风压阻力，摩擦力）；跑道——平整度等；环境——人员和物体阻挡。

（二）结构分析

装置要逆风行驶只需让风力传动到轮子上向前的动力大于整个装置受到的阻力就可以了。力大小的改变可以通过齿轮来实现，速度下降换来力量的增强。

1. 框架结构

我们需要一个稳定可靠的框架，足以支撑和连接其他部件，而且还需尽量精简以减轻重量和风阻。

　　我们先从现实生活中找找灵感。以下两种事物分别使用了什么结构，你觉得那种结构更稳定呢?

图3.69　伸缩门采用四边形结构　　　　图3.70　自行车采用三角形结构

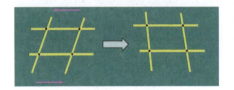

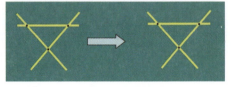

　　从上图可以分析得出三角形更具有稳定性，因此在搭建框架的过程中应尽量采用三角形结构。

2. 采风结构

　　类似电风扇的扇叶有个问题，那就是风向是固定的，只有固定方向的风才能旋转。如果想要什么方向都可以呢? 可以参考小时候坑的风车，或者气象台的风力计。这种设计结构，水平方向360°来风都可以旋转。不过效率会低一点。倘若装在车上，就可以做出一辆不管什么方向来风，都可以往同一个方向前进的风力小车。

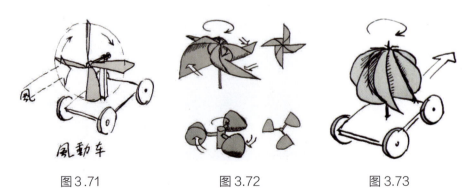

图3.71　　　　　　　　图3.72　　　　　　　　图3.73

3. 传动结构

（1）带传动

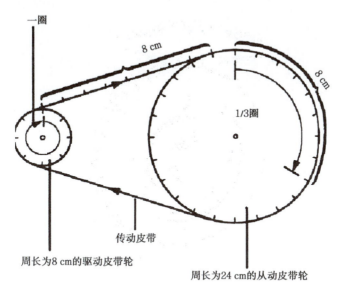

图 3.74

特点：成本低，噪声小，但容易打滑。

（2）齿轮传动

图 3.75

特点：圆柱齿轮转动改变转速与转动方向。

（3）蜗轮蜗杆传动

蜗杆

蜗轮

图3.76

特点：传动平稳，蜗杆每转一圈，蜗轮挪过一个齿。

（三）绘制草图

①画出设计草图。

②标注各结构的制作材料。

二、制作

①选取材料搭建整体框架结构。

②传动装置制作：将风能转换成装置的动力，通过齿轮比的调配更有效地利用风能（注意行驶方向）。

③收集装置制作：螺旋桨的大小和安装位置调整，更有效地获得风能（注意装置的平衡和稳定性）。

④组合：调整各部分的装配，通过各种固定方式提高设计的可行性和稳定性（精简装置的结构和重量）。

图 3.77   制作图

课后拓展：逆风装置有什么实际意义？

逆风装置实际上就是把风能转化为其他能量并加以利用。人类要不是利用了风能，可能现在哥伦布还没发现新大陆，郑和也没法下西洋。

图 3.78   哥伦布发现新大陆

图 3.79   郑和下西洋

人类制造的逆风装置还有哪些呢？我们使用这些装置来干吗？请查阅资料，根据实际情况填写表 3.2。

表 3.2   常见逆风装置统计表

序号	逆风装置	能量转换	作用
1	帆船	将风能转换为动能	使船在水中航行
2			
3			

第二节　掌控板的编程和调试

一、编程环境

使用 Mpython 和掌控板作为软硬件进行程序的编写和调试。

掌控板内置 Micropython 开源嵌入式 Python 运行环境，可以直接运行 Python 代码，配套 Mpython X 图形化编程软件，可以用掌控板编程。掌控板采用国产高性能处理器 ESP-32 作为主控，集成蓝牙和 Wi-Fi 功能，板载丰富多样的传感器和输出设备，可实现丰富的创意和设计。

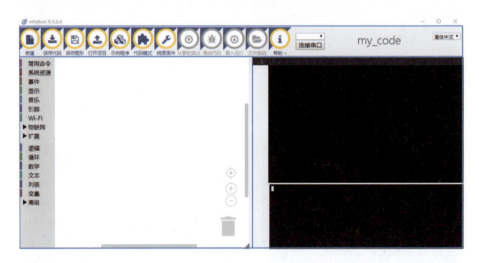

图 3.80

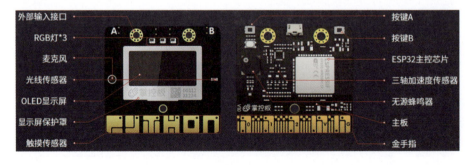

图 3.81

二、调试方式

每组配发预装 Mpython 软件的计算机和掌控板 1 块，LED 灯条 2 条，红外对射传感器2台，便于各组测试硬件和调试程序。

①通过计算机编程，控制硬件自动完成从起点到终点的计时和显示。

②输入和输出设备均属于扩展硬件（蜂鸣器、按键和OLED屏幕掌控板自带）。红外对射传感器和LED灯条已预先安装于赛道上，起点和终点均安置红外对射传感器。

③比赛开始前10分钟，各组填写编程效果表，并将调试好的程序发给裁判，裁判备份并做好记录。

表3.3 逆风行驶竞速赛编程效果表

编号	扩展硬件	预期效果
1		
2		
3		
4		
5		
6		

注：①扩展硬件：配套的输入和输出设备；

②预设效果：通过编程所达到的预期效果是否有效，预期效果是否实现，均由制作者填写。

三、扩展应用

连接好需要的扩展硬件后，即可参照以下图形化代码进行编程和调试。

1. 触摸传感器

掌控板正面下边沿是6个触摸按键，依次为P、Y、T、H、O、N可监测是否被触摸。

案例：触摸按键 P 控制 P0 端口 LED 灯条点亮。

2. 光线对射传感器

当物体挡住发射端发射的红外射线时，由于接收端无法接收到红外线产生电信号。分别安置在赛道的起点和终点，并与扩展板 P1 和 P15 端口连接。

案例：阻挡 P1 端口红外光线控制 P0 端口 LED 灯条熄灭。

3.LED 灯条

由若干 LED 组成，分别安置在赛道的两侧，并与扩展板 P0 和 P2 端口连接。

案例：P0 和 P2 端口 LED 灯条同时闪烁。

4.OLED 显示屏

掌控板的正面是一个 OLED 显示屏，分辨率 128×64。显示屏可以显示文本（支持简体中文、繁体中文、英文、日文、韩文等多种语言字符）、图像和动画。

案例：阻断红外对射传感器控制 OLED 显示"你好，世界！"；触摸按键 N 控制 OLED 不显示。

5. 喇叭 / 蜂鸣器

掌控板背面有一个蜂鸣器，可发出不同的音调，还可以播放音乐，比如发出"多来米发索拉西"的效果。

案例：通过触摸按键 H 播放 5 秒钟音乐。

6. 计时器

当物体挡住发射端的红外射线时，接收端就无法接收到红外线信号。分别安置在赛道的起点和终点，并与扩展板 P1 和 P15 端口连接。

案例：掌控板 OLED 屏幕显示时间，阻挡 P1 端口红外光线开始计时，阻挡 P15 端口红外光线停止计时。

课后拓展：掌控板还可以应用于何种物件上，进而增加其功能和实用性？

下图展示的是使用掌控板作为输入（按键）、输出（OLED 显示屏）和控制器的智能升降式自行车座椅。实现了根据骑行人的需求自动调整自行车座椅高度的功能。

图3.82　智能升降式自行车座椅

实际上掌控板是一种非常适合青少年使用的可编程硬件，具有完善和简洁易学的特点。同学们还可以积极思考，并将其与现有事物相结合，以扩展其实用性，并将自己的想法填入下表。

序号	结合事物	增加功能	实用性
1	自行车	自动升降自行车座椅	1. 帮助初学者骑行 2. 提高骑行的安全性
2			
3			

第三节　逆风行驶竞速活动

我们制作的逆风行驶装置能否逆风而行呢？何种结构和材料更适合本次制作呢？我们编写的程序能否达到预期的效果呢？带着种种疑问，同学们都来测试一下自己的作品吧。大家一定要研读要求，稳住心态，才能让你的作品达到预期的效果。

图 3.83

一、限制条件

①风能是来自固定风源的风扇，比赛过程中不得变更风扇位置、角度和风速。

②同学们必须在提供的材料中自行选择和设计、制作装置，装置自重不做限制。

③装置尺寸不限。具体风能利用方式不做要求，但除去风源提供的风能，装置不得携带任何其他能源。

④装置在行驶过程中不能改变尺寸。若装置在行驶过程中有坠落物，则本次成绩取消。

⑤赛道长度为 80 cm、宽度为 40 cm。赛道位于风源的正前方且平铺在桌子上，风源距离赛道终点 40 cm，风源风向与赛道平行。起跑线前方准备区域长、宽均为 40 cm。

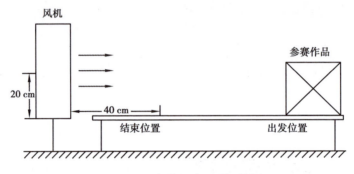

图 3.84　赛道尺寸及风机位置

⑥装置无安全隐患。

二、竞速规则

①各组派 1 名选手进行抽签，确定比赛顺序，并提交编程效果表用于编程成绩的确定。

②抽签结束后，跑道开放 15 分钟时间，各组自行进行装置的测试。

③各组比赛前，裁判将之前备份的程序写入赛道上的掌控板。

④比赛过程中，由裁判打开风机，参赛学生自行将装置放置在赛道准备区，装置的最前端不能超越起始线且不压线，当装置驶过起跑线时，开始计时，选手不得以任何方式触碰比赛装置直至完成比赛，装置的任意部分驶过终点线时停止计时。

⑤比赛过程中，每组可进行两次行驶，每次可选派 1 位组员进入赛道比赛区。按抽签顺序，各组的装置依次行驶，两次行驶之间间隔 5 分钟。每组组员在第一次行驶后至下一次行驶前，可对装置进行调整和修改。

三、成绩判定

①有效着地点。

比赛开始前，装置的全部着地点应放在起跑线后且不压线，此时装置的全部着地点视为有效着地点。

②未驶出比赛区。

只要任意一个有效着地点在比赛区域内，即视为未驶出比赛区。若该有效着地点在区域线上也视为未驶出比赛区。

③有效行驶与无效行驶。

若装置的任意部分驶过终点线且未驶出比赛区，则本次行驶时间记为一次有效行驶。其余情况均为无效行驶。（超过 180 秒，记为无效行驶，无效行驶成绩均记为 180 秒。）

④有效行驶成绩。

全部小组完成两次尝试后，每组取时间最短的有效成绩记为本队最终的有效行驶时间（以秒为单位保留两位小数）。成绩以计时器显示的时间为准，若无显示以裁判手工计时为准。

⑤有效编程成绩。

通过编程完成计时并显示时间得 50 分，否则得 100 分，每使用一个扩展硬件（传感器，LED 灯，蜂鸣器等）并完成预设效果减 10 分，最多可使用 5 个扩展硬件。

图 3.85

⑥最终排名。

按有效行驶时间、装置重量（以克为单位保留两位小数）和有效编程成绩三者之和的数值由小到大的顺序依次进行排列以确定比赛名次，数值小者靠前。

表3.4　逆风而行竞速赛成绩表

编号	有效行驶 1	有效行驶 2	装置质量	有效编程	总成绩	名次
1						
2						
3						
4						
5						
6						
7						
8						

注：①有效行驶：逆风行驶装置在比赛区域行驶的时间（以秒为单位保留两位小数）；

②装置质量：逆风行驶装置的质量（以克为单位保留两位小数）；

③有效编程：通过编程达到预期效果所得分数；

④总成绩：有效行驶＋装置质量＋有效编程＝总成绩（从小到大排序）；

均由裁判员填写。

课后拓展：制作工艺是否会影响作品的最终效果？

工具能否正确使用，是否选择适合的连接方式等因素都会影响到制作工艺，作品测试的最终效果会不会也产生变化呢？

①使用不同的工具进行剪切，制作同样的框架结构，并根据实际情况填写。

工具	难易度	制作时间	测试成绩	排名
剪钳				
剪刀				

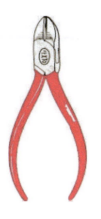

图 3.86

②使用相同材料采用不同的连接方式搭建同样的框架结构，并根据实际情况填写下表。

连接方式	难易度	制作时间	测试成绩	排名
螺丝螺帽				
胶水粘接				

图 3.87

巴渝风·乡土情

——主题特色实践教育课程资源学习指南

文创巴渝

下册

主　编　苏建新　陈　玲　杨伟斌

重庆大学出版社

图书在版编目（CIP）数据

巴渝风·乡土情：主题特色实践教育课程资源学习
指南.下册，文创巴渝 / 苏建新，陈玲，杨伟斌主编
. -- 重庆：重庆大学出版社，2021.7
ISBN 978-7-5689-2899-1

Ⅰ.①巴… Ⅱ.①苏… ②陈… ③杨… Ⅲ.①活动课
程—中小学—教学参考资料 Ⅳ.①G632.3

中国版本图书馆CIP数据核字（2021）第147602号

巴渝风·乡土情——主题特色实践教育课程资源学习指南（下册）：文创
巴渝
BAYUFENG · XIANGTUQING——ZHUTI TESE SHIJIAN JIAOYU KECHENG ZIYUAN XUEXI
ZHINAN （XIACE）：WENCHUANG BAYU

主 编 苏建新 陈 玲 杨伟斌
策划编辑：唐启秀
责任编辑：唐学青　　　　　版式设计：唐启秀
责任校对：刘志刚 关德强　　责任印制：张 策
＊
重庆大学出版社出版发行
出版人：饶帮华
社址：重庆市沙坪坝区大学城西路21号
邮编：401331
电话：（023）88617190　88617185（中小学）
传真：（023）88617186　88617166
网址：http://www.cqup.com.cn
邮箱：fxk@cqup.com.cn（营销中心）
全国新华书店经销
印刷：重庆五洲海斯特印务有限公司
　＊
开本：720mm×1020mm　1/16　总印张：14　字数：217千
2021年7月第1版　2021年7月第1次印刷
ISBN 978-7-5689-2899-1　定价：88.00元（上下册）

目 录
CONTENTS

第六部分

活动学案

- - - - - - - - - - - -

第四部分　课程纲要

为全面贯彻党的教育方针，推进素质教育，培养青少年的实践能力和创新精神，养成发现问题、探究问题、解决问题的学习习惯，形成根植热爱家乡、关注家乡发展的家国情怀，有效实施社会实践课程，特设计本主题社会实践课程。

一、课程性质与基本理念

（一）课程性质

《文创巴渝》社会实践课程是从学生真实生活和发展需要出发，依托重庆市巴南区特有的历史文化生活情境，设计本活动主题，通过探究、服务、制作、体验等方式，培养学生综合素质的跨学科实践性课程。

（二）基本理念

1. 课程目标以培养学生综合素质为导向

《文创巴渝》社会实践课程以巴南区历史、人文、物产作为认知对象，并通过创建相对应的情境引领学生参与体验，强调学生综合运用各学科知识，认识、分析和解决现实问题，特别是在快速变化的社会生活中对家乡的认同，提升综合素质，着力发展核心素养。

2. 课程开发面向学生的个体生活和社会生活

在社会转型发展的新时期，教育需要关注学生对家乡传统文化的认同感。重庆市巴南区前身是巴县，所辖范围中有浓厚的巴文化的印记，因此，我们设计社会实践课程的三个话题，分别以《家乡的茶》《巴文化物象研习》《中国古代智慧——榫卯》三个单元课程内容来聚焦诠释家乡文化这一主题，通过茶文化、巴文化、榫卯文化三个不同侧面关注家乡，结合学生生活地域开展活动，使学生获得关于自我、社会、自然的真实体验，建立学习与生活的有机联系。

3. 课程实施注重学生主动实践和开放生成

在活动的三个主题里，《家乡的茶》以生活中常见的茶为主题，对重庆市巴南区当地名茶——巴南银针进行介绍，引导学生关注茶及茶艺的相关内容，认识中国传统茶文化，再结合茶文化中重要的器物——茶壶的认识和制作作为实践发展的操作点，让学生在体验和操作中提升动手操作能力，培养乡土情怀。

《巴文化物象研习》通过追溯巴文化发展的历史脉搏，从文化人物故事中寻找典型性图案图像，引导学生把抽象的文化理解具象为文化符号并用雕塑的方式进行构建，完成对巴文化从文化认识到文化理解，再到文化表达的学习过程。

《中国古代智慧——榫卯》在以榫卯文化为精神内涵的家乡传统木结构建筑和家具制作的基础上，让学生进行榫卯结构益智玩具拆装、榫卯结构家具创意制作以及榫卯结构积木玩具创意设计，激发学生的学习兴趣，锻炼学生综合能力，培养耐心、恒心和勇于挑战的人格。

在实施过程中，学生可以根据实际需要，对活动的目标与内容、组织与方法、过程与步骤等做出动态调整，使活动不断深化。

4. 课程评价主张多元评价和综合考察

活动中充分肯定学生活动方式和问题解决策略的多样性，鼓励学生进行自我评价以及与同伴间的合作交流、经验分享，将学生在活动中表现的各类成果作为学生发展的重要依据来进行综合评价。

二、课程价值

（一）推进素质教育，促进青少年全面发展

从家乡话题入手引导学生进行实践、探究，基于学生的基本认知和能力范围，能够更有效地调动其兴趣展开活动，增加操作的可行性。围绕茶、巴文化物象研习、榫卯结构三个单元课程可以引申的内容十分丰富，以此构建出的线性、网状联系十分紧密，发展其中的一个点，加强学生对围绕家乡主题开展的综合性课程的了解和关注。课题研发和教学，将具有十分明显的系统性思维特征，既符合学生认知心理规律，又体现课程综合性要求，突出学生的主体地位，从而促进学生在学习上、在综合认知及实践能力方面的发展。

（二）传承中华文化，培育青少年家国情怀

家乡文化是中华传统文化的重要组成部分，对家乡不同角度的认知和了解，可以增强学生对家乡、国家的理解和认同。

茶、巴文化物象研习、榫卯结构三个单元主题作为文化传承发展的三个载体，把人类的精神和智慧带到了更高的境界。它们与文化关系至深，涉及面很广，内容也很丰富。这里既有精神文明的体现，又有意识形态的延伸。学习茶、巴文化物象研习、榫卯结构构建的社会实践课程将有益于提高学生的文化修养和艺术欣赏水平，引导学生感受祖国优秀文化内涵，感受家乡的变化与发展，激发学生爱祖国、爱家乡的热情。

（三）培育工匠精神，促进学习者全面发展

党的十八大以来，习近平总书记多次强调要弘扬工匠精神。我国自古就有尊崇和弘扬工匠精神的优良传统，一些工艺水平在世界上长期处于领先地位。在主题社会实践课程设计中，茶、巴文化物象研习、榫卯结构三个单元课程都具有动手实践的特征，它们通过让学生学习中国古代传统技艺，动手实践，提高动手能力的同时提升学习者的审美情趣，扩展学习者的知识面，使学习者德智体美劳全面发展。

三、课程目标

（一）总体目标

通过以家乡认知实践为主题的社会实践课程的实施，让学生了解家乡的茶文化、巴文化以及榫卯文化等传统文化，增长见识，拓宽社会知识面，培养学生收集、处理信息的能力，同时增长学生的动手、动脑综合实践能力和自我管理能力，加强学生的交际沟通能力和团队协作精神，真正达到培养高品位现代学生的育人目标。

（二）具体目标

1.小学阶段具体目标

（1）价值体认：通过茶、巴文化物象研习、榫卯结构三个单元课程的学习，引起学生对相关主题的关注，并激发其学习积极性，感受巴渝茶文化、巴文化以及榫卯文化等传统文化中的匠人精神，培养学生对祖国、家乡的热爱之情。

（2）责任担当：在实践活动中，学生通过了解家乡发展历史及文化变迁，理解文化传承的重要意义，提高学生继承和发展传统文化的责任心。

（3）问题解决：学生以小组为单位，在教师的引导下，针对课题内容进行观察、测量、试用、修正，发现并提出课题中最感兴趣的问题，能将问题转化为研究小课题，体验课题研究的过程与方法，提出自己的想法，形成对问题的初步解释。

（4）创意物化：通过动手操作实践，初步掌握相应的制作基本技能。

2. 中学阶段具体目标

（1）价值体认：通过茶、巴文化物象研习、榫卯结构三个单元课程的介绍和体验，亲历社会实践，加深有积极意义的价值体验。能主动分享体验和感受，与老师、同伴交流思想认识，形成文化认同、国家认同以及家乡认同。通过职业体验活动，发展兴趣专长，形成积极的劳动观念和态度，具有初步的生涯规划意识和能力。

（2）责任担当：在实践活动中，围绕家庭、学校、社区的需要开展服务活动，增强服务意识，养成独立的生活习惯；愿意参与学校服务活动，增强服务学校的行动能力；初步形成探究社区问题的意识，愿意参与社区服务；初步形成对自我、学校、社区负责任的态度和社会公德意识；初步具备法治观念。

（3）问题解决：能关注自然、社会、生活中的现象，深入思考，发现并提出单元课题中关于构造、原理等有价值的问题，将问题转化为有价值的研究课题，学会运用科学方法开展研究；能主动运用所学知识理解与解决问题，并做出基于证据的解释，形成符合基本规范的研究报告或其他形式的研究成果。

（4）创意物化：运用一定的操作技能解决生活中的问题，将一定的想法或创意付诸实践，通过设计、制作或装配等，制作或局部改进较为复杂的制品或用品，发展实践创新意识和审美意识，提高创意实现能力。

四、活动方式

《文创巴渝》社会实践课程主要以设计制作的方式来呈现。在具体实施过程中，《家乡的茶》重点关注茶艺中茶壶的造型设计和制作；《巴文化物象研习》则通过追溯巴文化发展中的典型性图案图像，完成带有地域文化特征符号的雕像设计和制作；《中国古代智慧——榫卯》则从巴地民居吊脚楼木质结构的了解开始，在了解基本原理后完成带有榫卯结构的物品构造设计和制作。

在活动中，学生运用各种工具、工艺进行设计，并动手操作，将自己的创意、方案付诸实践，转化为物品或者作品，通过学生手脑并用，灵活掌握、融会贯通相关知识技巧，提高学生的技术操作水平、知识迁移水平，感受并理解工匠精神及其文化内涵。

五、活动评价

《综合实践课程纲要》提出："综合实践活动是学生综合素质评价的重要内容"。因此，在《文创巴渝》社会实践课程中，需要对活动评价做如下要求：

（一）突出发展导向

在活动中，坚持学生成长导向，通过前置调查、活动阶段汇报、活动成果展现及评价等方式，要求教师把握学生的成长规律，激发学生发展潜能，为更好地促进学生成长提供依据。

（二）做好写实记录

在活动的各个环节客观记录学生参与活动的具体情况，制定活动表现评价表格。同时，收集学生活动中的各类设计、作品，对学生反馈做好记录并保存，为《文创巴渝》社会实践课程评价提供必要基础。

（三）开展科学评价

在活动中，教师要依据课程目标，结合学生的表现（记录在册），对学生综合素质发展进行科学分析，并为学生的发展提供可行性建议，引导学生取长补短，明确努力方向。

第五部分　活动方案

一、《家乡的茶》活动方案

（一）活动说明

《家乡的茶》主题社会实践课程是以茶文化为基础，对重庆市巴南区当地名茶——巴南银针进行介绍，引导学生关注茶及茶艺的相关内容，认识中国传统茶文化，再结合茶文化中重要的器物——茶壶的认识和制作为实践发展的操作点，通过感受、体验和操作等方式来进行综合性教学的一门课程。

作为自然的一部分——茶，源自一片树叶，经过人类智慧的加工改造，变成了全世界流行的饮品，并衍生出了丰富的文化、物质、经济等方面的内容。中国人饮茶几千年，在中国古代茶不仅仅是饮品，而且具有更多的审美价值。通过茶的自然鉴赏，可以使饮者了解茶的天然特征和优良本质，增强饮者的审美感知和理解能力。同时，通过茶的自然形态欣赏，人们可以寻根溯源，开阔视野，增加知识，培育情感。人们在茶中所得到的首先就是自然美，强调心灵的感受，同时在感受过去的精神、审美文化的同时，也融合着现代生活的发展。

茶本身具有一种从形态到内在，从客观表现到主观意象，从茶与人的间接关系到茶与人之间形成的直接关系媒介——茶文化。茶文化是中国传统文化的重要组成部分，孕育在中华民族的历史文化之中，内容丰富，涉及广泛，它的产生把与之相关的主观精神和艺术推向了更高的境界。茶文化是人类在社会历史发展过程中所创造的有关茶的物质财富和精神财富的总和。它是以物质为载体，反映出明确的精神内容，是物质文明和精神文明高度和谐统一的产物。茶文化属中介文化，内容包括茶的历史发展、茶区人文环境、制茶工艺与技巧、千姿百态的茶类和茶具、饮茶习俗和茶道、茶艺、茶书、茶画、茶诗词等文化艺术形式，以及茶道精神与茶德、茶对社会生活的影响等诸多方面，不仅体现对生活的理解和审美的变化，同时也带有中国传统文化深深的烙印和痕迹。茶文化作为传统文化的一部分，以茶这种物质载体渗透在人们日常生活的方方面面，培养和增强了人们特定的传统文化精神，而人们这种特定的文化精神特性也反过来增强和发展了茶文化的精神价值。

茶文化是巴蜀文化的重要载体，蕴含丰富的地理意义和文化价值。茶文化的独特性离不开自然地理环境的特殊性和当地历史文化发展的影响。巴蜀文化是位于长江上游区域的古文明，具有历史延续性和独特的地域性。具有几千年文明的巴蜀大地将中华民族的茶文化演化成独具特色的茶饮。巴蜀文化所特有的农业文明是封闭的，百姓自食其力，少了其他文化的杂糅，加以地域茶文化特色，形成一个具有民族特色的茶空间，使茶文化与巴蜀文化更加相融。

作为具有鲜明地域文化特色的茶叶之乡——重庆市巴南区来说，茶文化课程开发不仅能够发挥其所拥有的得天独厚的资源、地理优势，还与学生的生活环境中浓郁茶乡氛围相得益彰，将学生的个人经验与学校的系统学习结合起来，促进学生成长，而且契合基础教育国家课程改革政策，为课程开发的多样性添砖加瓦。因此，把茶的课题纳入学生的综合性学习，有着得天独厚的内容支撑和生活基础，话题内容丰富，操作性强，符合学生在体验和操作中认知的重要条件。同时，组织和引导学生关注茶及其相关内容，可以通过一个主题和大量的相关信息，拓展学生的思维空间，发展学生主题性思维认知的能力，具有十分重要的教育价值和意义。

本课程以茶文化为基础，利用具体数据建立直观认知，从"为什么一片叶子具有这么大的魅力？"这一问题入手，展开教学实践活动。通过设置"认识茶""认识茶壶""设计制作""展示评价"等板块内容，把学生了解茶和制作手工茶壶作为课程着力点，组织引导学生在观察、体验、模仿、设计、创造等自主与合作相结合的教学环节开展主题课程。

（二）活动目标

1.总体目标

通过《家乡的茶》社会实践课程实施，让学生了解源远流长的茶文化，增长见识，拓宽社会知识面；培养学生收集、处理信息的能力。同时，增长学生的动手、动脑综合实践能力和自我管理能力，加强学生的交际沟通能力和团队协作精神，真正达到培养高品位现代学生的育人目标。

2. 具体目标

（1）价值体认：通过对茶的发展历史的介绍，让学生认识茶；了解茶的功效、种类，激发学生对茶这一主题的关注和学习积极性；通过茶叶和茶壶的制作，感受其中的匠人精神，培养对祖国、家乡的热爱之情及自豪感。

（2）责任担当：在观茶、制茶、制茶壶等实践活动中，让学生深入了解茶文化，理解文化传承的重要意义，提高学生继承和发展祖国传统文化的责任心。

（3）问题解决：以小组为单位，在教师的引导下，针对茶具进行观察、测量、使用，发现并提出最感兴趣的问题，带着问题进行设计，并通过实践进行解决。

（4）创意物化：通过动手操作，初步掌握手工茶壶的陶艺制作基本技能；学会运用陶泥完成茶具的制作。

（三）主题结构

《家乡的茶》社会实践课程由前置调查、课程实施、展评总结三部分组成。前置调查可以通过网络问卷完成，不需要特定的教学时间，而课程实施与评价是本课程的重点部分，设计实施构架如下：

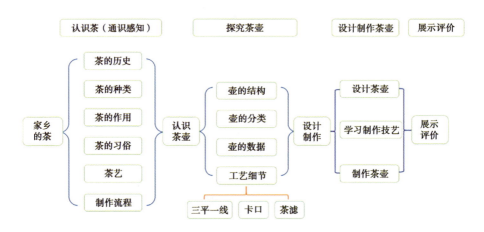

在具体实施中，共分为两节内容、四个课时：

第一节 探究茶：包括茶的历史、茶的作用、茶的种类、茶的制作（两个课时）。

第二节　探究茶壶：包括茶壶的认识、茶壶的制作（两个课时）。

（四）实施条件

手工类教室、茶类材料工具、多媒体展台、制作泥料及对应工具。

（五）教学过程

1. 前置调查

已有认知分析（建议利用学生班级群提前布置）。

（1）活动任务

利用提供的网络问卷二维码，填写问卷，教师在开课前了解答卷情况。

（2）活动准备

场地：无。

材料：问卷二维码。

（3）活动过程

教师在学生进行上课之前通过班级群布置问卷任务，并在上课开始之前收集学生答卷信息，依据认知占比情况做好开课准备。

2. 课程实施

了解茶的相关知识，尝试制作茶壶。

（1）活动任务

根据教学流程，让学生从体验入手，认识茶叶及其文化，并能学习了解茶壶的制作技艺，尝试用陶泥制作茶壶。

（2）活动准备

场地：手工教室。

材料：陶泥及工具，课件、示范制作视频、学习单和设计单。

（3）活动过程

①认识茶。

学生活动 1：在老师带领下，通过多媒体，让学生了解特殊的树叶——茶，对茶建立初步印象。

指导要点 1：方法一，教师通过课件引出关于茶的导语，迅速聚焦茶这一话题；方法二，教师需要在课前了解茶的历史，通过课件介绍茶的发展历史，在展示过程中，教师能根据内容进行说明，帮助学生更好理解茶的知识，让学生了解茶，并分享身边有关茶的小故事。

学生活动2：通过课件展示，了解茶的作用和禁忌等相关知识，进一步加深对茶的认识。

指导要点2：教师可以让学生说一说自己所知道的茶叶的功效和禁忌。

学生活动3：观看视频，了解茶的种类，并通过视频介绍认识家乡的茶叶代表——巴南银针；对家乡茶的介绍，可以结合课前调查中相关数据引导有相关经历的学生来参与；通过收集的茶叶，让学生通过看、摸、品尝等多种方式更直观地了解茶。

指导要点3：联系学生的生活经历介绍家乡的茶，更是拉近了与茶的距离；茶叶的现场观摩对于学生的感知大于视频展示，要在其中给予学生充分的自主性。

学生活动4：学生观看茶叶的制作短片，理解一片叶子到茶的变化是工艺的结果；学生参观当地茶园；学生小组合作，感受制茶的步骤。

指导要点4：由于时间及空间限制，茶的生产流程先通过短片来展示，教师在介绍中要强调工序对茶的生产质量所带来的决定性作用，有选择性地带领学生参观其中一些工序，也可以让学生亲自体验，理解制茶的步骤以及每一步的重要性。

②探究茶壶：

学生活动1：通过课件展示，了解茶壶的结构及分类。

指导要点1：茶壶的结构和分类是对后面设计制作的知识铺垫，不宜拓展太多，因此选择课件直观展示来完成。

学生活动2：在小组中出示不同种类的茶壶，利用学习单的形式，引导学生通过观察、测量完成对茶壶结构的探究。

指导要点2：每个小组结合学习单填写完成本活动内容，并组织学生对小组发现进行班级汇报。

学习单

一、观察并判断：

1.小组里的这把茶壶外形是（　　　）。

A.圆器　　　B.方器　　　C.塑器

2.小组里的这把茶壶把手造型是（　　　）。

A.侧提壶　　B.提梁壶　　C.飞天壶　　D.握把壶

二、测量并记录：

1.这把壶的长宽高数据是多少？

长（　　　）cm、宽（　　　）cm、高（　　　）cm

2.这把壶的壶嘴高度是多少？

（　　　）cm

3.这把壶装水的容量是多少？

（　　　）mL

三、感知并描述：

1.写一写，你还发现了哪些特征?

2.写一写或者画一画，你认为这把壶最精彩的地方在哪里?

③设计制作茶壶：

学生活动1：学生利用设计单进行茶壶设计。

指导要点1：教师要引导学生关注除外型外更多的工艺要求，强调设计必须具备实用的特征。

学生活动2：学生在小组内交流设计稿，修改设计，确定制作方向。

设计单：请根据学习的知识，设计一把茶壶。
第　　　组　　　　　姓　名：
设计绘图区

指导要点2：教师可以对设计稿制定一些具体指标，帮助学生更好地完成设计图。

学生活动3：学生观看手捏茶壶的制作视频。

指导要点3：教师应该在制作的关键环节进行暂停讲解。

学生活动4：学生进行手捏茶壶制作。

指导要点4：播放作品欣赏视频，给学生更多提示和参考。

3. 展示评价阶段（建议 30 分钟完成）

（1）活动任务

通过学生作品展示和多维评价，巩固学生对茶壶造型的体会和经验积累，强化成功体验。

（2）活动准备

场地： 手工教室。

材料： 多媒体展台，陈列架，评价表。

知识： 信息整理、比对、分析的方法。

（3）活动过程

学生活动 1： 学生把作品放置于陈列架，相互参观。

指导要点 1： 教师可以每组安排一名学生对作品进行现场介绍，帮助学生更全面地了解制作情况。

学生活动 2： 个别小组作品进行展示和汇报。

指导要点 2： 教师可以准备几个关键问题，帮助学生更有针对性地完成汇报。

学生活动 3： 学生根据评价单填写学习评价。

指导要点 3： 收集学生学习评价单进行统计分析，为之后的教学改善带来帮助。

学生活动 4： 学生把陈列架放置到公共区域，设计展览海报，进行陶艺茶壶的作品展示。

指导要点 4： 由于工艺的局限，短时间不能让作品变成陶，因此展出可以简化。

学习评价表

感谢你参与本课程的学习，请结合自己的学习经历，如实填写问卷，谢谢！

1. 在本次学习中，你对课程内容的评价是（　　　）。

A. 很喜欢　　B. 一般　　C. 不喜欢

2. 在本次学习中，你的学习态度是（　　　）。

A. 我很积极、认真

B. 有时候没有尽力

C. 旁观者，没有太多参与

3. 通过本课程的学习，你有收获吗？（　　　）

A. 有很大收获　　B. 有一点收获　　C. 没有收获

4. 你愿意了解更多茶方面的知识吗？（　　　）

A. 愿意　　B. 无所谓　　C. 不愿意

5. 你认为茶文化是中国应该继续传承的文化吗？（　　　）

A. 继续传承十分必要　　B. 无所谓　　C. 不需要了解和传承

6. 你对茶壶制作的理解是（　　　）。

A. 制作中包含了许多的技术和知识

B. 随手就可以做好

C. 只要外形好就行

7. 你对手捏茶壶的制作感受是（　　　）。

A. 很有趣　　B. 没有兴趣　　C. 讨厌

8. 你了解更多用泥造型的制作技艺和内容吗？（　　　）

A. 十分了解　　B. 了解一点　　C. 不了解

9. 你想继续参加这样的实践课程吗？（　　　）

A. 十分愿意　　B. 无所谓　　C. 不愿意

10. 你对本课程内容还有什么好的建议吗？请写一写：

二、《巴文化物象研习》活动方案

说明：

①本课程适合 5—9 年级学生。

②不同年龄学生活动时，内容不变，环节不变，时间灵活把握。

③学生年龄越低，教师辅导参与的程度就越具体。

④学生年龄越低，对学生制作的精细要求就越低。

（一）活动说明

《巴文化物象研习》社会实践课程是一门以巴文化为基础，从学生的真实生活和发展需要出发，从生活情境中发现问题，转化为活动主题，通过探究、服务、制作、体验等方式，培养学生综合素质的跨学科实践性课程。

巴文化来源于历史上的巴人、巴国和巴地，是一种时空范围非常广袤，根深叶茂，特色鲜明的族群和地域文化，从古至今，源远流长，生生不息，内涵深邃，影响深远。从社会精神层面看，大致可用"忠勇信义、豪放包容"八个字来概括。从巴文化的物质技术层面来看，富有特色的板楯、丹砂、巴盐、巴乡清酒，均声闻遐迩，史籍有载。而考古发现的城坝、罗家坝等遗址，和巴式青铜武器、虎纽錞于以及青铜器物和印章上的巴人图语等，则反映了巴人辉煌灿烂的古代文明。

　　巴文化不仅具有崇高的历史地位和鲜明的风格特色，而且内涵深刻，具有丰富的价值理念。巴文化的核心价值包括："忠勇信义，开放包容，崇尚统一。"千载之下，披览史籍，巴人忠勇信义的形象扑面而来，文献记载的巴蛇吞象、廪君掷剑、盐水女神、巴楚联姻、秦巴会盟、巴人射虎等历史文化传说，无不脍炙人口，充分展示着巴文化中忠勇信义的优秀精神。至于威武雄壮的巴渝舞，不仅具象而真实地反映了三千多年前武王伐纣的重大历史事件，其雄壮优美的音乐舞蹈，形象地展示了巴人忠勇信义的核心价值理念和乐观奔放的豪迈气质。

　　巴文化核心价值的另一重要范畴是开放包容。巴地和整个四川一样，历来就是一个移民进进出出的地方，其文化正像学者所喻，犹如一个大型水库，水来自四面八方，又流向四面八方，在开放中形成动态的融聚。巴文化的开放包容精神，与巴蜀历来就是移民区的史实和传统相关，也与在此种历史进程中形成的开放理念分不开，是一种非常可贵的文化品格。如果一个区域是开放的，其人民来自四面八方，又从这里走向四面八方，这个区域一定是充满活力的。从系统论角度说，这就是一个开放的系统，而封闭的系统是没有生命力的。巴文化为什么能够源远流长，充满活力，并形成开放包容的优良传统，根本原因就在这里。

　　巴文化不仅忠勇信义，开放包容，而且一旦成为多元一体大一统文明共同体的组成部分后，就长期认同，坚定地追求、崇尚中华大一统，摈弃分裂，并以此为其极为突出的核心价值理念。

　　这一切充分表明，巴人自古以来就是维护和追求中华大一统的重要力量。崇尚民族团结和睦，国家统一安定，一直是此一方人民的精神传统和文化基因。巴文化"忠勇信义，开放包容，崇尚统一"的核心价值，亦是中华文明核心价值的重要组成部分，作为优秀的传统文化资源，为我们构建社会主义核心价值体系，提供了富有特色的支撑，具有重要的历史地位和现实意义。

　　巴文化物象研习社会实践课程让学生通过巴文化的理论知识学习、动手进行巴文化物象泥塑实践、巴文化雕像石膏翻模实践、巴文化雕像丙烯颜料仿青铜、仿石材的实践，激发学生的学习兴趣，使学生感受民间艺术的特色，锻炼学生的动手实践能力，培养注意力、专注力，提高学生自信心，培养耐心、恒心和勇于挑战的人格。在实践探究巴文化雕像知识、制作，提升学生综合能力的同时，内化巴文化"忠勇信义，开放包容，崇尚统一"的核心价值，增强民族认同感，弘扬中华传统文化。通过该课程的学习让学生对巴文化有更多的了解，掌握进行巴文化物象泥塑、巴文化雕像石膏翻模，巴文化雕像丙烯颜料仿青铜、仿石材的知识与技能，培养学生的社会责任感、创新精神和实践能力，增强文化自信，践行社会主义核心价值观，为实现中华民族伟大复兴的中国梦而努力学习，健康成长。

（二）活动目标

1.总体目标

文化是民族的血脉，是人民的精神家园。文化自信是更基本、更深层、更持久的力量。中华文化独一无二的理念、智慧、气度、神韵，增添了中国人民和中华民族内心深处的自信和自豪。巴文化是中华传统文化的重要组成部分，巴文化"忠勇信义，开放包容，崇尚统一"的核心价值观亦是中华传统价值观的精神养分之一。通过巴文化物象研习社会实践课程中蕴含的优秀中华传统价值观，对于学生增强文化自信、民族认同，培育优秀中华传统价值观，实现中华民族伟大复兴的中国梦具有价值体认、责任担当、问题解决、创意物化等方面重要作用。

2.具体目标

①价值体认：通过巴文化物象研习社会实践课程学习，学生从《廪君的故事》《巴蔓子将军的故事》中，了解巴文化中"忠勇信义，开放包容，崇尚统一"的精神内涵，增强学生的民族认同感和文化自信，使巴文化蕴含的优秀中华传统价值观在学生心中扎根，提高学生的道德水平。

②责任担当：通过巴文化物象研习社会实践课程，使学生树立正确的价值观，感悟巴文化精神，提高学生们传承中华优秀传统文化的责任感，每一个人都争做巴文化的传承者。

③问题解决：以小组为单位，在教师的引导下，发现并提出自己在巴文

化物象研习中最感兴趣的问题。带着问题去阅读《廪君的故事》《巴蔓子将军的故事》，并转化为研究小课题，体验课题研究的过程与方法，提出自己的想法，形成对问题的初步解释。

④创意物化：在巴文化物象研习社会实践课程的学习过程中，通过观摩、分析、实践、学习用石膏代替金属的铸造技术，初步掌握泥塑技能、石膏翻模技术和仿青铜技术。

（三）活动结构

本主题课程分为三个阶段：感知体验阶段、物象制作阶段，展示评价阶段三部分，设计实施构架如下：

在具体实施中，有如下操作环节：

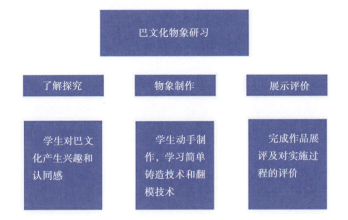

1. 了解探究

学生对巴文化产生兴趣和认同感。

①了解巴文化相关历史。

②学生情景再现《廪君与盐水女神的故事》（建议 40 分钟完成）和《巴蔓子将军的故事》（建议 10 分钟完成）。

2. 物象制作

学生动手制作，学习简单的铸造技术和翻模技术。

①铸造巴人剑（建议 120 分钟完成）。

②廪君和白虎、巴蔓子将军浮雕翻模（建议 120 分钟完成）。

3. 展示评价

完成作品展评及对实施过程的评价（建议 20 分钟完成）。

（四）实施条件

美术专用教室、泥塑工具、翻模材料、多媒体展台、巴人剑、巴人矛、巴人陶罐、原始弓箭等仿制物件、谷草、兽皮、农具等。

（五）活动过程

1. 导入与问题（10 分钟）

①活动内容：话题导入，问题呈现与解决。

②活动要求：激发学生对研习古代巴文化的强烈兴趣，并在活动中解决问题。

③师生活动：

时间段	具体内容	教师活动	学生活动
0—2 分钟	谈话引入	教师介绍今人与古代巴人的关系（PPT）	倾听
2—10 分钟	分辨巴人剑	给出任务（PPT）	自学书籍，从三种剑中分辨出巴人剑并说出理由

④指导要点：

此环节属于激趣引入环节，主要目的是将学生的关注范围、兴趣引入到巴文化的学习中来。此环节要让学生对学习内容产生强烈好奇心、浓厚兴趣，对巴文化产生民族认同感，通过自学，提高学生思考、分辨、辩论、修正的思维能力。

2. 活动一：巴国探秘

①活动内容：了解巴国历史，学习巴文化，整理巴人主要活动区域。

②活动要求：通过学习历史，理解巴文化的精神内涵。

③师生活动：

时间段	具体内容	教师活动	学生活动
0—5分钟	学生阅读	指导、巡视	阅读巴国文化及历史相关材料
5—40分钟	小组讨论汇报	教师根据学生人数，将学生分成2个或2个以上的组（组与组之间进行PK），指导、帮助各组学生分工演练	学生在已有材料基础上继续阅读相关材料，了解巴文化，整理出巴人主要活动区域

④指导要点：

此环节重点在于让学生感受巴文化，进入巴文化的研习情景。其次在于培养学生阅读理解文本及整理概括能力，把有关知识点进行归纳整理，初步了解巴文化的相关内容，激起学生的学习兴趣和探究欲望。

3. 活动二：制作主题手抄报（60分钟）

①活动内容：制作巴文化主题手抄报。

②活动要求：对巴文化有一定的了解，学生能分版块对巴文化进行整理归纳，制作主题手抄报。

③师生活动：

时间段	具体内容	教师活动	学生活动
0—5分钟	学生阅读巴人故事	播放巴人故事视频及补充材料（PPT）	观看巴人故事相关视频
5—10分钟	教师指导	教师对巴人故事进行相关补充说明，解答学生疑惑	倾听、提问
10—60分钟	分组制作手抄报	教师根据学生人数，将学生分成小组，指导帮助各组学生完成手抄报的制作	制作巴文化主题手抄报

④指导要点：

此环节是动手制作环节，是在学生初步了解巴文化的基础之上，分组呈现所学内容，要给足学生阅读资料时间和制作时间，并分别对各组进行有针对性的指导，激发同学们的参与感，在过程中培养学生们的动手及合作能力。

4.活动三：铸造巴人剑（60分钟）

①活动内容：用石膏粉铸造巴人剑。

②活动要求：了解古代巴人的铸剑方法；学生分组用石膏粉模仿古巴人的铸剑方法，铸造多把石膏巴人剑。

③师生活动：

时间段	具体内容	教师活动	学生活动
0—3分钟	观看视频	播放巴人青铜剑铸造视频（PPT）	观看巴人青铜剑铸造视频
3—8分钟	教师示范	讲解并示范石膏翻制巴人剑的技术流程中的关键环节，并解答学生问题	观看、提问
8—60分钟	师生铸剑	教师与学生一道铸剑	铸造石膏巴人剑

④指导要点：

此环节是动手实践环节，技术的学习虽然重要，但最重要的是培养学生动手动脑的能力，因此，本环节要给予学生充裕的制作时间，要宽容学生在制作中的失误，允许学生在探究中试错学习。教师的示范可以现场展示，也可以用事先制作的微视频。

5.活动四：仿青铜上色（90分钟）

①活动内容：给石膏巴人剑仿青铜上色，并使用巴人剑进行巴渝舞创编表演。

②活动要求：学会仿青铜上色的方法，尝试用古巴人的方式进行剑舞、舞剑或队列的表演。

③师生活动：

时间段	具体内容	教师活动	学生活动
0—10分钟	给石膏剑进行仿青铜上色	教师讲解、示范	学生制作
8—60分钟	仿巴人舞剑（巴渝舞）	教师指导学生创编、欣赏学生表演	学生分组用自己制作的仿青铜巴人剑自编自演巴渝舞

④指导要点：

本环节学习仿青铜技术，过程中发挥学生联想、想象和创造能力。本环节重在一个"仿"字，一是仿青铜上色的技术学习，二是学生用自己制作的仿青铜剑模仿古巴人表演巴渝舞，从中感受巴人忠勇信义的气质。技术的学习固然是本环节的重点，但通过制作和表演过程感受巴文化中的巴人忠勇信义的民族特性是本环节的重中之重。

6. 活动五：巴之神、巴之魂浮雕翻模（60分钟）

①活动内容：石膏翻模巴之神、巴之魂浮雕。

②活动要求：学会石膏翻模的简单工艺，感受、领悟巴之神（廪君）、巴之魂（巴蔓子）所体现的巴文化"忠勇信义，开放包容，崇尚统一"的精神内涵。

③师生活动：

时间段	具体内容	教师活动	学生活动
0—5分钟	巴蔓子将军的故事	1. 引导学生欣赏巴蔓子将军雕塑，讲巴蔓子将军的故事 2. 引导学生回顾廪君与白虎的故事，总结出巴之神（廪君）、巴之魂（巴蔓子）所代表的巴文化的精神内涵	参观巴蔓子将军雕塑，感悟、理解巴之魂"忠勇信义，开放包容，崇尚统一"的精神内涵
5—60分钟	浮雕翻模	教师示范石膏翻模技术	学生自选廪君或巴蔓子雕塑进行石膏翻模，最后用丙烯上色（可仿青铜，可仿其他）

④指导要点：

本环节主要目的是提高学生对巴文化的价值认同和文化理解，通过听故事、观雕塑、翻雕像等系列活动，使学生更加深入地理解巴文化中典型人物所代表的文化价值。

雕像模具要提前准备，每小组一个，作业场地要求宽敞，有展示平台、展架或展柜，有水源。

师生作业材料是：石膏粉、洗衣粉、油漆刷、陶泥、丙烯颜料（铜色、石材灰色、红木色）、画笔。

7. 展示评价（20分钟）

①活动内容：集中展示上述四个活动的作品。

②活动要求：学生自主布展、教师组织师生评价。

③师生活动：

时间段	具体内容	教师活动	学生活动
0—5分钟	布展	指导学生布置巴文化物象研习的作品展览	分小组布展，并选出讲解员
5—60分钟	评价	指导学生参观、互评、他评、小组评并填写师评表	学生展示、讲解、回答他评、参与互评并填写自评表

④指导要点：

本环节的主要目标是让学生获得成就感、成功感，再进一步升华对巴文化的价值认同和文化理解。作品展示要求规范、整齐、美观、有气势。最好有专门的展示平台或展架，作品下面有作品标签（作品类别、作品名称、作者）。组织学生参观时要求安静、文明、有序，引导学生客观评价自己的作品，以欣赏的眼光评价他人的作品。

巴文化雕像石膏翻模实践课程评价表

班级：＿＿＿＿＿＿＿　　　姓名：＿＿＿＿＿＿＿　　　日期：＿＿＿＿＿＿＿

评价项目	具体内容	评价等级			
		自评	小组评	教师评	综合评价
知识目标	（1）了解雕像石膏翻模的制作流程	☆ ☆ ☆ ☆ ☆	☆ ☆ ☆ ☆ ☆	☆ ☆ ☆ ☆ ☆	☆ ☆ ☆ ☆ ☆
	（2）扩展对巴文化雕像的认识	☆ ☆ ☆ ☆ ☆	☆ ☆ ☆ ☆ ☆	☆ ☆ ☆ ☆ ☆	☆ ☆ ☆ ☆ ☆
能力目标	（1）美术技能：想象、观察、借鉴、分析、动手动脑能力	☆ ☆ ☆ ☆ ☆	☆ ☆ ☆ ☆ ☆	☆ ☆ ☆ ☆ ☆	☆ ☆ ☆ ☆ ☆
	（2）实践技能：能独自进行雕像的石膏翻模操作，掌握石膏翻模技术	☆ ☆ ☆ ☆ ☆	☆ ☆ ☆ ☆ ☆	☆ ☆ ☆ ☆ ☆	☆ ☆ ☆ ☆ ☆
	（3）思维能力：树立空间立体观念，具备空间形象思维	☆ ☆ ☆ ☆ ☆	☆ ☆ ☆ ☆ ☆	☆ ☆ ☆ ☆ ☆	☆ ☆ ☆ ☆ ☆
	（4）综合技能：对问题进行分析、思考，不怕困难，勇于解决	☆ ☆ ☆ ☆ ☆	☆ ☆ ☆ ☆ ☆	☆ ☆ ☆ ☆ ☆	☆ ☆ ☆ ☆ ☆

续表

评价项目	具体内容	评价等级			
		自评	小组评	教师评	综合评价
人文目标	（1）体验艺术创作的价值和愉悦，提高审美能力	☆☆☆☆☆	☆☆☆☆☆	☆☆☆☆☆	☆☆☆☆☆
	（2）提高观察力、想象力、创造力、空间观念、整体观念以及劳动技能	☆☆☆☆☆	☆☆☆☆☆	☆☆☆☆☆	☆☆☆☆☆
	（3）进一步了解巴文化，感受巴文化雕像的独特魅力，增强文化自信和民族认同感	☆☆☆☆☆	☆☆☆☆☆	☆☆☆☆☆	☆☆☆☆☆
	（4）把巴文化的精神内涵内化为自身价值观，并在生活中践行	☆☆☆☆☆	☆☆☆☆☆	☆☆☆☆☆	☆☆☆☆☆
合作交流	（1）主动和同学配合	☆☆☆☆☆	☆☆☆☆☆	☆☆☆☆☆	☆☆☆☆☆
	（2）乐于帮助同学	☆☆☆☆☆	☆☆☆☆☆	☆☆☆☆☆	☆☆☆☆☆
	（3）认真倾听同学的观点和意见	☆☆☆☆☆	☆☆☆☆☆	☆☆☆☆☆	☆☆☆☆☆
	（4）对班级和小组的学习作出贡献	☆☆☆☆☆	☆☆☆☆☆	☆☆☆☆☆	☆☆☆☆☆
成果展示	（1）物象制作完成度	☆☆☆☆☆	☆☆☆☆☆	☆☆☆☆☆	☆☆☆☆☆
	（2）物象制作工艺水平	☆☆☆☆☆	☆☆☆☆☆	☆☆☆☆☆	☆☆☆☆☆
	（3）物象制作美观度	☆☆☆☆☆	☆☆☆☆☆	☆☆☆☆☆	☆☆☆☆☆

我对自己的评价：

小伙伴们对我的评价：

老师对我的评价与激励:
回头看看，我的感想:

三、《中国古代智慧——榫卯》活动方案

说明：

①本课程适合5—9年级学生。

②不同年龄学生活动时，内容不变，环节不变，时间灵活把握。

③学生年龄越低，教师辅导参与的程度就越具体。

④学生年龄越低，对学生制作的精细要求就越低。

（一）活动说明

《中国古代智慧——榫卯》社会实践课程是一门以榫卯文化为基础，是从学生的真实生活和发展需要出发，从生活情境中发现问题，转化为活动主题，通过探究、服务、制作、体验等方式，培养学生综合素质的跨学科实践性课程。

榫卯从文化角度集中华工艺智慧和哲学思想于一身。榫卯比汉字出现得更早，伴随着整个华夏文明的长河，到了秦汉时期，榫卯技术已经日趋成熟，可以帮助工匠完成庞大的木结构建筑。同时，榫卯也成为中国式造物最具设计意义的艺术语言，并承载着天人合一的哲学思想。

中国古代文明是农耕文明，因此强调人与人之间的协作和人与自然的

和谐关系。中华民族更加尊重自然，崇尚自然，注重群体关系的和谐。中国的建筑是人与自然和谐相处的例证。一座宫殿，由几万根木材铸造而成，全凭榫卯交叉错插结构，便可以屹立千百年。榫为阳、卯为阴，阴阳相生。中国古典家具的连接，部件与部件之间，产生互补关系，就像默契的有情人，异性相吸、两情相悦。榫卯是中国智慧的产物，外观四称，含而不露，透着儒家的平和中庸；内蕴阴阳，相生相克，以制为衡，闪耀着道家思想的光辉。

西方文明更多关联宗教和信仰，热衷于对永恒的追求，不惜用数十年甚至百年来建造一座不朽的神殿或教堂。不同于西方的石头建筑，建筑材料选择木头很重要的因素是我们并不强调永恒，而更在意使用者本身，以人为本，更加注重人与自然的和谐。明朝计成所著的《园冶》提到"物可传至千年，人生却不过百岁"。榫卯文化注重人和物的关系，对建筑的思考更多是以人来衡量，这也使得以中国为代表的东方建筑更具温度感。

榫卯结构是中华民族在漫长历史长河中的积累与创造，彰显着中国传统文化的内涵和智慧，也是古代中国领先于其他世界各国的科学技术之一，是中国古代科学技术中能屹立于世界的一颗璀璨明珠。榫卯文化的传承不止于工艺和技术层面，重要的是精神和智慧的传承，它承载更多的是来自传统文化的博大和艺术的精微，学习榫卯知识和技能，不仅是一种技术工艺实践，更是一种文化传承，《中国古代智慧——榫卯》社会实践课程以榫卯文化为精神内核的家乡传统木结构建筑和家具制作的榫卯工艺为基础，让学习者通过看、想、做，开动脑筋、动手操作进行榫卯结构益智玩具拆装、榫卯结构家具创意制作以及榫卯结构积木玩具创意设计，激发学习者的学习兴趣，亲身体验劳动的辛勤和琢磨的快乐，通过手脑互动促进脑神经的丰富性，增强学习者综合能力，培养耐心、恒心和勇于挑战的人格。

（二）活动目标

1.总体目标

学生在欣赏古代榫卯，动手制作创意物件的过程中，丰富个体体验、了解榫卯文化，获得丰富的实践经验，逐步提升对古代文化生活的理解、对古代人类智慧的认知，形成初步的中国文化价值体认，具有传承并发扬中国优秀历史文化的责任与担当。学习基础的木工技术，运用榫卯知识和技能解决生活中的问题，培养学生创新意识和能力。

2. 具体目标

（1）价值体认：积极参加动手动脑的榫卯制作活动等，关注生活中的建筑、家具以及现代设计中的榫卯原理，加深有积极意义的价值体验；能主动分享体验和感受，与老师、同伴交流榫卯结构认识，形成文化认同，热爱中华优秀传统文化；通过社会实践、家庭劳动、学校课外活动，发展兴趣专长，形成积极的劳动观念和态度，具有初步的榫卯审美意识和能力。

（2）责任与担当：观察生活环境中的榫卯结构，尝试解决生活中的榫卯问题，增强服务创新意识；初步形成探究古文化问题的意愿，形成参与传承中华优秀传统文化的意识。

（3）问题解决：能通过榫卯原理，理解自然、社会、生活中的避让、卯合、互补现象，深入思考并提出有价值的问题，将问题转化为有价值的研究课题，学会运用科学方法开展研究。能主动运用所学榫卯知识理解与解决问题，并做出基于榫卯原理的解释，形成基本符合规范的研究报告或其他形式的研究成果。

（4）创意物化：运用一定的木工操作技能解决生活中的问题，通过设计、制作或装配榫卯结构的物件等，将一定的榫卯想法或创意付诸实践；制作和不断改进较为复杂的制品或用品，发展实践创新意识和审美意识，提高创意实现能力。

（三）活动结构

本主题课程分为五个阶段：初识榫卯——智慧榫卯——玩转榫卯——实用榫卯——展示评价，设计实施构架如下：

在具体实施中，有如下操作环节：

①初识榫卯：学生须面对教师给出的挑战性问题去动手动脑完成任务，有时间限制，有激励措施（建议时间60分钟）。

②智慧榫卯：通过视频，将学生带入中国榫卯古代智慧的文化学习（建

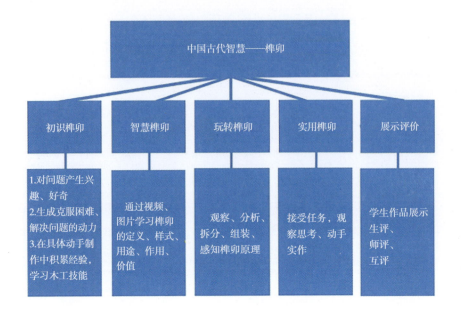

议时间 20 分钟）。

③玩转榫卯：限时拆分、组装榫卯玩具和古代榫卯建筑模型，让学生从中感受榫卯智慧（建议时间 60 分钟）。

④实用榫卯：学生根据实物和制作图，自己动手制作一个榫卯物件（建议时间 120~150 分钟）。

⑤展示评价：学生布展，师生互评、自评。

（四）实施条件

美术专用教室、木工工具（木工机床、榔头、手工挫、直尺、铅笔等）、榫卯玩具、榫卯模型、榫卯实物、制作图例、多媒体展台、学生用木条、木板等。

（五）活动过程

1. 初识榫卯（60 分钟）

①活动内容：动手动脑识榫卯。

②活动要求：面对有挑战性的问题，学生通过动手动脑解决问题而对榫卯产生探究兴趣。

③师生活动：

时间段	具体内容	教师活动	学生活动
0—2 分钟	学生分组	教师组织学生分组	学生自主分组，3~5 人为宜，选出组长、安全员
2—10 分钟	操作安全	教师讲解安全事项，示范木工操作技术，请每组安全员上台参与示范，验证操作规范	学生听讲，提问，安全员上台参与示范
10—50 分钟	初识榫卯	出示木条、木块，要求学生以小组为单位，不能用钉子，用切、挖的方法将木条或木块平整地组合成下列形状：木条一字延长、木条十字交叉、木条丁字连接、木块直角合围。（限时 30 分钟）	学生分组探究、合作、动手动脑，使用工具、机器，制作拼装出榫卯结构的木条。学生认知发展进程： 1. 对问题产生兴趣、好奇。 2. 生成克服困难、解决问题的动力。 3. 在具体动手制作中积累经验，学习安全规范的木工技能
50—60 分钟	检验评价	教师分组检验评价学生作品，安全员报告本组工作情况	展示解决问题的成果：榫卯作品

④指导要点：

此环节属于以问题挑战为激励措施的　　　引入环节，主要目的是将学生迅速带入榫卯知识的学习。此环节教师要具有鼓动性、激励性，可以设置奖品，让学生迅速对学习内容产生强烈好奇心、浓厚兴趣。在竞争氛围和合作学习中发展观察、思考、想象、联想以及动手和解决问题的能力。

2. 智慧榫卯（20分钟）

①活动内容：穿越历史知榫卯。

②活动要求：通过自学、查阅、观看视频，知道榫卯是什么，榫卯有何用。

③师生活动：

时间段	具体内容	教师活动	学生活动
0—3分钟	学习教材	指导学生自学，鼓励学生提出问题，引导学生解答问题	学习教材1~2页，提出有价值的问题
3—8分钟	欣赏古代榫卯精品	课件播放古代榫卯建筑、家具图片，鼓励学生提出问题，引导学生解答问题	观看古代榫卯建筑、家具图片，提出有价值的问题
8—13分钟	动画分析榫卯结构	课件播放榫卯结构动画，鼓励学生提出问题，引导学生解答问题	观察榫卯结构图
13—20分钟	视频了解榫卯结构的稳定性	课件播放故宫榫卯实验视频，鼓励学生提出问题，引导学生解答问题	观看故宫榫卯实验视频

④指导要点：

本环节是在教师主导、讲解下观看视频和图片，学生属于被动接受状态，教师要循序渐进、有条理地播放学习内容，允许学生随时提出问题和感想。达成如下目标：

①学生对中国古代榫卯产生浓厚兴趣。

②拓展认知：榫卯的定义、用途、作用、价值、样式（格角榫、托角榫、粽角榫、燕尾榫、夹头榫、抱肩榫、龙凤榫、楔钉榫、插肩榫、栏榫、套榫、挂榫、半榫与札榫等）。

3. 玩转榫卯（65分钟）

①活动内容：玩具拆装懂榫卯。

②活动要求：本活动属于竞赛，在规定时间段内，学生自主、合作、拆分、组装榫卯玩具。

③师生活动：

时间段	具体内容	教师活动	学生活动
0—3分钟	内容与规则	组织学生分组、课件讲解活动内容、竞赛方法和规则： 以小组为单位竞赛，按每次竞赛的名次积分，最后，按总得分的高低颁奖（前三名获一等榫卯智慧奖：奖品是榫卯玩具两个、后若干名为二等榫卯乐趣奖，奖品为榫卯玩具1个）。学生投票推荐1~3名个人获鲁班奖，奖品是榫卯玩具1个（精品）	

时间段	具体内容	教师活动	学生活动
3—8 分钟	第一关：鲁班锁之爱心锁 1	规则：在 5 分钟内，不损坏木质，小组计时取出爱心锁里面的神秘纸条，读出纸条上的字，以用时多少排名	组内合作，拆分爱心锁，取出里面的神秘纸条并读出
8—11 分钟	第二关：鲁班锁之爱心锁 2	规则：各小组在新的纸条上写上神秘文字，将爱心锁与其他组交换，在 3 分钟内，不损坏木质，小组计时取出爱心锁里面的神秘纸条，读出纸条上的字，以用时多少排名	组内分工，拆分爱心锁，取出里面的神秘纸条并读出
11—14 分钟	第三关：鲁班锁之笼中取珠	规则：三分钟内，不损坏木质，取出笼中珠子，小组计时取出爱心锁里面的神秘纸条，读出纸条上的字，以用时多少排名	组内合作，取出珠子
14—17 分钟	第四关：鲁班锁之多角球	规则：三分钟内，不损坏木质，拆分组装多角球，以用时多少排名	小组合作，拆分组装多角球
17—20 分钟	第五关：鲁班锁之圆球	规则：三分钟内，不损坏木质，拆分组装圆球，以用时多少排名	小组合作，拆分组装圆球
20—40 分钟	擂台赛 1：多种鲁班锁自选挑战	规则：前 10 分钟，组内先自行研究、练习各种榫卯玩具，选出最佳选手 1~3 人；后 20 分钟开始擂台赛，某组派出一选手，选定同一玩具，即时挑战其他组派出的选手	每小组先轮流派出 1 名选手，指定一玩具，其他小组分别派出一人应战
40—50 分钟	擂台赛 2：垂花门组装	规则：前 7 分钟，组内先自行研究、练习垂花门组装；后 3 分钟开始擂台赛，以小组为单位，组内自行分工，计时竞赛，按用时多少排名得分	小组参赛
50—60 分钟	擂台赛 3：斗拱组装	规则：前 7 分钟，组内先自行研究、练习斗拱组装；后 3 分钟开始擂台赛，以小组为单位，组内自行分工，计时竞赛，按用时多少排名得分	小组参赛
60—65 分钟	评价总结	统计总分、颁奖、组织学生自评、互评、他评	学生自评、互评、他评，填写评价表

④指导要点：

此环节是带游戏性质的动手动脑环节，具有极强的趣味性和挑战性。教师在本环节的角色是主持人、鼓动家、帮助者，要大力表扬学生、鼓励学生，适时提示遇困学生，同时注意竞赛的公平性。对失败的学生要从正面的、积极的角度去安慰、鼓励。

4. 实用榫卯（120~180 分钟）

①活动内容：学生动手制作一件生活中实用的榫卯物件。

②活动要求：规范操作，安全使用工具材料，制作追求精细美观。

③师生活动：

时间段	具体内容	教师活动	学生活动
0—3 分钟	任务与要求	教师课件讲解任务和要求，特别强调安全操作规范。[任务：小组自行选一任务（木凳或木盒），30 分钟内，用木条或木板制作出榫卯结构的作品]	明确任务，牢记安全规范
3—33 分钟	制作木凳、木盒	指导学生安全操作	学生小组为单位，研究图纸、操作工具、机器，制作出选定的木凳或木盒
33—43 分钟	组装长卷画纸架	指导学生观察、研究、组装	学生小组为单位，观看实物，自行研究，组装出一个长卷画纸架
43—60 分钟	展示榫卯	指导学生	组装展台，摆放作品

④指导要点：

本环节是木工实践环节，安全第一。要求学生必须严肃、认真、仔细地观摩示范，知道规范、牢记安全，然后接受任务，观察思考、动手实作。教师指派或由学生选举产生小组安全规范监督员或负责人。在学生制作过程中，教师必须随时巡视、纠正、制止不安全行为。

让学生自主读图、识图、协作、动手、动脑。

5. 展示评价

①学生作品展示。全体学生布置自己的作品，互相参观。

②自评、他评、互评；谈体会，说感受，填表格。

③指导要点：

本环节的主要目标是让学生获得成就感、成功感，进一步感受中国古代榫卯智慧的魅力，作品展示要求规范、整齐、美观、有气势。最好有专门的展示平台或展架，作品下面有作品标签（作品类别、作品名称、作者）。组织学生参观时要求安静、文明、有序，评价阶段注意引导学生客观评价自己的作品，以欣赏的眼光评价他人的作品。

中国古代智慧——榫卯实践课程评价表

班级：＿＿＿＿＿＿＿＿　　姓名：＿＿＿＿＿＿＿＿　　日期：＿＿＿＿＿＿＿＿

评价项目	具体内容	评价等级			
		自评	小组评价	教师评价	综合评价
知识目标	（1）知道榫卯是什么；榫卯有何用	☆☆☆☆☆	☆☆☆☆☆	☆☆☆☆☆	☆☆☆☆☆
	（2）榫卯有哪些常见样式	☆☆☆☆☆	☆☆☆☆☆	☆☆☆☆☆	☆☆☆☆☆
能力目标	（1）美术技能：识图、想象、观察、借鉴、分析、动手动脑能力	☆☆☆☆☆	☆☆☆☆☆	☆☆☆☆☆	☆☆☆☆☆
	（2）实践技能：能合作进行榫卯玩具、模型的拆分、组装、能合作制作 1~2 个榫卯物件	☆☆☆☆☆	☆☆☆☆☆	☆☆☆☆☆	☆☆☆☆☆
	（3）思维能力：观察、分析、想象、联想、创造、解决问题	☆☆☆☆☆	☆☆☆☆☆	☆☆☆☆☆	☆☆☆☆☆
	（4）综合技能：面对问题和挑战，分析、思考，不怕困难勇于解决	☆☆☆☆☆	☆☆☆☆☆	☆☆☆☆☆	☆☆☆☆☆

续表

评价项目	具体内容	评价等级			
		自评	小组评价	教师评价	综合评价
人文目标	（1）感悟古人智慧的魅力、价值，提高审美能力	☆☆☆☆☆	☆☆☆☆☆	☆☆☆☆☆	☆☆☆☆☆
	（2）提高观察力、想象力、创造力、空间观念、整体观念以及劳动技能	☆☆☆☆☆	☆☆☆☆☆	☆☆☆☆☆	☆☆☆☆☆
	（3）进一步了解中国古代智慧，感受榫卯的独特魅力，增强文化自信和民族认同感	☆☆☆☆☆	☆☆☆☆☆	☆☆☆☆☆	☆☆☆☆☆
	（4）把榫卯结构的内涵内化为自身价值观，并在生活中践行	☆☆☆☆☆	☆☆☆☆☆	☆☆☆☆☆	☆☆☆☆☆
合作交流	（1）主动和同学配合	☆☆☆☆☆	☆☆☆☆☆	☆☆☆☆☆	☆☆☆☆☆
	（2）乐于帮助同学	☆☆☆☆☆	☆☆☆☆☆	☆☆☆☆☆	☆☆☆☆☆
	（3）认真倾听同学观点和意见	☆☆☆☆☆	☆☆☆☆☆	☆☆☆☆☆	☆☆☆☆☆
	（4）对班级和小组的学习作出贡献	☆☆☆☆☆	☆☆☆☆☆	☆☆☆☆☆	☆☆☆☆☆
成果展示	（1）物件制作完成度	☆☆☆☆☆	☆☆☆☆☆	☆☆☆☆☆	☆☆☆☆☆
	（2）物件制作工艺水平	☆☆☆☆☆	☆☆☆☆☆	☆☆☆☆☆	☆☆☆☆☆
	（3）物件制作美观度	☆☆☆☆☆	☆☆☆☆☆	☆☆☆☆☆	☆☆☆☆☆

我对自己的评价：

小伙伴们对我的评价：
老师对我的评价与激励：
我的感想：

第六部分 活动学案

前　言

　　社会实践课程是从学生的真实生活和发展需要出发，从生活情境中发现问题，转化为活动主题，通过探究、服务、制作、体验等方式，培养学生综合素质的跨学科实践性课程。

　　《文创巴渝》社会实践课程主要分为三个篇章：家乡的茶、巴文化物象研习、中国古代智慧——榫卯。本课程以茶文化、巴文化、榫卯文化为基础，从认知到操作，从课本到实践，立足重庆特色，传承并发扬中国优秀传统文化。

　　本课程适合5—9年级学生，通过开动脑筋、动手操作、亲身体验劳动的辛勤和探究的快乐，激发学生的学习兴趣，使学生感受民间艺术的特色，体会并理解匠人精神，锻炼学生的动手实践能力，培养注意力、专注力，提高学生自信心。

第一章　家乡的茶

家乡是茶乡。茶，是生活的必需品，提神，消食，解乏。早起一杯茶，饭后一杯茶，劳作时一杯茶，休息时一杯茶。茶，流淌在血液中，滋养着一个个生命。无茶不成礼。茶，是友好，是热情，是尊重。见人一杯茶，来客一杯茶。远行的游子，什么都可以不带，但只要带上家乡的一包茶，即使远在天涯，也不会忘记回家的路。

家乡的茶，沉淀着民风，渗透着文化，氤氲着缕缕乡思。本章让我们一起走进茶的世界。

第一节　茶的认识与制作

一、茶的发展

（一）茶的历史

茶的历史既是一部中华民族的人文发展史，也是一部绚丽多彩的民俗史。茶起源于中国，中国是茶的故乡，而巴蜀是茶文化的摇篮。

据植物学家考证，地球上的茶树大约有 100 万年的历史了，而世界茶树的原产地就在中国的云贵高原一带，包括云南、贵州、四川 3 省交界的山区，也就是战国时期的巴蜀国所辖境内。关于饮茶的起源在多处历史史籍中均有提及，其中陆羽《茶经》一书中"茶者，南方之嘉木也……巴山峡川有两人合抱者。""两都（长安、洛阳）并荆、渝间，以为比屋之饮。"清初顾炎武在《日知录》中考证提出"自秦人取蜀而后，始有饮茗之事"，巴蜀确实是我国以及全世界茶业和茶文化的摇篮。现代研究，由于在重庆南川发现极具规模的野生茶树林，表明重庆是茶文化发祥地之一。《华阳国志·巴志》中写道"涪陵郡，巴之南鄙，无文学，少蚕桑，惟产茶"，由此可见重庆在晋代之前就已经开始种植茶叶；记载最为翔实则是西汉王褒《僮约》中关于如何烹制茶品的描写，尽管对于饮茶起源时间莫衷一是，但无论是《三国志》还是《汉书》里面的巴蜀人王褒，均表明茶最早产生于中国古代巴蜀地区，也就是如今的四川、重庆，这也为重庆作为茶文化的发源地正名。

在传说的上古神农时期，我国劳动人民就已经发现茶树，并用茶作为解毒药物，如东汉《神农本草经》有"神农尝百草，日遇七十二毒，得茶而解之"，这里指出茶最早的用途是解毒药用。陆羽在《茶经》中也说："茶之为饮，发乎神农氏，闻乎鲁周公。"

文献中最早关于茶的记载可见《夏小正》四月"取茶"、七月"灌茶"的记载；东晋《华阳国志》记载，武王伐纣（公元前1135年）以后，巴为封国，四川的"丹漆茶蜜……皆纳贡之"，可见当时巴蜀就有茶叶为贡品的记载。

在先秦时期，巴山蜀水地区是当时茶的主要产地，周武王时期，茶品开始作为一种稀有物品由巴国进贡给君主。在春秋时期之前，茶主要作为一种药品为人民所用，且主要是通过嚼其茎叶，饮其汁液，在咀嚼中感受到茶叶的清口、收敛、提神……该阶段可说之为饮茶的前奏。《晏子春秋》记载，"晏子相景公，食脱粟之饭，炙三弋五卯茗菜而已。"晏婴做齐景公宰相时，吃的是粗粮和一些烧烤的禽鸟和蛋品，除此之外，只饮茶罢了。说明茶在当时被上层社会所认可。

在战国后期及西汉初年，我国历史上曾发生几次大规模战争，人口大迁徙，特别在秦统一四川以后，促进了四川和其他各地的货物交换和经济交流，四川的茶树栽培、茶叶制作技术及饮用习俗，开始向当时的经济、政治、文化中心陕西、河南等地传播，先秦之后便是我国的茶由巴蜀向外逐次传播的阶段，中原也开始有茶事记载。秦代时期，随着国家的统一和各地经济、文化的发展与交流，我国茶叶从巴蜀向外传播开来，尤其是茶叶的加工、种植，首先向东部和南部渐次传播开来，其简单加工形式主要是把鲜叶用木棒捣成饼状茶团，再晒干或烘干以存放。两汉时期，在我国古代文献中，《尔雅》《说文解字》和一些医药著作中，都出现了茶的专门介绍和记述，是我国也是世界上最早有文字记载茶的时代。关于茶最早的权威记载是出现在《茶经》之前，西汉时期王褒创作的《僮约》之中，根据该史料记载，茶品开始在民间作为一种珍贵的礼品互赠，说明当时茶已经具有较高的地位。东汉末年华佗在《食论》中提出"苦茶久食，益意思"，这是茶叶药理功效的第一次记述。

随着历史的发展以及社会文明的演化与进步，茶从巴蜀地区不断向着中华民族其他地区传播。

到了唐代（618—970），茶区扩大到全国，饮茶之风风靡全国，茶叶成为人们喜爱的饮品。从唐开始，"荼"去一划，始有茶字。陆羽作《茶经》，方有茶学，对茶开始收税，建立了茶政，茶的外销，就带来了茶的边境贸易。具体来说应该是在唐中期以后，是茶的一个具有划时代意义的重要时期，史称"茶兴于唐"或"盛于唐"。

宋代经济极为繁盛，不仅是中国文化史发展的最高阶段，也是茶文化发展的鼎盛时期，宋代茶文化兴盛，茶成为上至帝王将相下至乡间庶民日常生活中不可或缺的饮品。辽金元时期属游牧民族入主，不可能对精致儒雅的茶艺、茶道产生兴趣，这三个朝代都没有产生茶学专著，涉茶的诗词、文章也极少。

到了明清时期，中国茶叶出现了较大的变化，唐宋茶业的辉煌，主要是现代茶学的深入及茶叶加工技术，而明清时期，这种传统的茶学、茶业及其茶文化经过辽金元时期的社会动荡而发生了很大变化，也形成了自己的多元化特色。

经过几千年的不断发展传承，茶文化从物质用品逐步融入人们的生产生活，并向着人们精神层次发展，最终变成人们生活、社交的必需品之一。茶从发现到成为祭品到菜食，再到药用，直至成为饮料，经过了 2 000 年的历程。

表 1.1　中国历代茶文化关键词列表

朝代	茶文化发展概况的关键词提炼
1. 先秦	巴蜀发源 饮茶前奏 含嚼茶叶 珍贵
2. 秦代	开始传播
3. 两汉	最早文字记载 药理功效 珍稀
4. 魏晋南北朝	饮茶开始 茶文化初步兴起
5. 隋唐	繁荣 茶文化普及 茶道精神
6. 宋代	鼎盛 日常饮品
7. 辽金元	衰落
8. 明清	多元

（二）重庆茶文化发展概况

重庆地区作为茶文化的起源地，过去的两江码头上总会停泊着满载茶叶的船只，在历史的变迁中，由于局部地区的气候以及地理条件差异也发展出不同种类的香茗，当前较为著名的有：云岭永川秀芽、四面绿针茶、太白银针茶、鸡鸣贡茶、涪陵白茶、盛鼎玉露茶、西农毛尖、林海翠茗茶及巴南银针等。

有道是环境造就茶乡，重庆位于长江上游、中国西南部，地形地貌复杂，亚热带季风气候为该地区提供了丰厚的水文资源，当地的土质主要由适宜茶株生长的紫色沙土、黄泥及红泥土等组成，这些土壤均显微酸性。重庆地区的年平均温度在 20 ℃左右，年降水量超过 1 000 毫米，非常适宜茶树生长。此种天然种茶的条件，将茶与重庆深刻交织在一起，且重庆自古隶属巴蜀之地，为最早栽植茶叶的地区，可谓是孕育茶文化的茶叶之乡。

巴渝之地的险山恶水总是使人心生敬畏，一山一水一码头，青石板和两江，都记录了巴渝人与自然同生的历史文脉。茶叶生产条件包括传统茶工艺作坊所处地域的生态环境、人文历史、地形地貌、与外界联系方式等。茶叶的品质主要由区位中的气候以及地域的土壤决定。在我国，传统茶艺作坊依靠得天独厚的茶山优势而群居，此类地区水资源丰厚，土壤肥沃富足，气候非常适合植株生长。重庆人之所以对茶情有独钟，除了重庆自古以来盛产茶叶以外，还因为重庆是山地城市，山多林密，地势陡峭，爬坡上坎实为日常，加之重庆夏季气候酷热难耐，因而汗流浃背、口干舌燥是常事，这样便催生出了重庆遍地大大小小的茶馆用以歇脚乘凉、喝茶聊天，在茶馆喝着盖碗茶便是老重庆人最闲适自在的休闲方式。

巴蜀是中国饮茶文化的发源地，兴盛于唐宋时期，经历历史的磨砺发展至今，因而重庆的传统茶文化也是颇受瞩目。自秦汉以后，各朝各代的巴蜀人不仅创造了茶的物质文化，还创造了许多茶文化精神成果，产生了大量的茶诗、茶词、茶曲、茶小说等文学作品。重庆的茶叶发展在唐宋明清这四朝达到鼎盛时期。有研究者证明在抗战时期，我国现代高等茶学教育由当代茶圣吴觉农等茶学专家发起于重庆，随上海复旦大学迁校北碚期间首设茶学研究系，重庆具有地域文化特征的茶文化由此萌生。如今，重庆地区的茶文化是遵循着"纳百川而守真一"的精神不断与时俱进。

重庆的茶文化具有浓厚的地域特征，体现在其独特的茶艺、茶空间布置等，也由此形成了极具特色的茶事风俗：

1. 坐茶馆

老重庆的茶馆遍及大街小巷，坐茶馆已成为各阶层男女老幼的日常生活习惯，据1947年重庆《新民报》所载："方圆不到9平方公里的半岛城区，就有茶馆2 659家之多"，彰显出重庆人们对茶的热爱。

2. 盖碗茶

盖碗茶出自巴蜀，是由茶盖、茶杯和茶船子组成的茶具，古朴典雅，形成巴渝独特的盖碗茶文化，随处可见于重庆大大小小的茶馆里。盖碗茶浓汁沉在碗底，用茶盖来调节茶味浓淡，喝时不必揭盖，半扣半闭则浮叶不会入口，茶水徐徐沁入口中，有着巴渝茶文化独特的风情雅趣。

3. 老荫茶

"老荫茶"原名"老鹰茶"，原产地为四川省石棉县，因老重庆以前的老鹰茶棚常出现在市井街角的大树荫下，由此而得名"老荫茶"。那一大杯红亮清香的老荫茶清凉解暑，本质粗糙却无可替代，是每个老重庆人儿时深刻的味觉记忆，成为那个年代的大众饮品。价格便宜、简易制作、口感香醇的老荫茶就像重庆人民性格一样豪爽质朴，成为重庆茶文化必不可少的一部分。

（三）茶文化的精神内涵

1. 儒家：中和之道

中国数千年的文化根植于古代的农耕文明土壤，这一"靠天吃饭"的生产方式决定了先民们祈求与天地和谐共生求得生存、发展的朴素文化意识。经过了先秦"百家争鸣"至汉代"罢黜百家，独尊儒术"，确立了以"中庸"为核心思想的儒家文化体系的大一统地位，儒家"和"的文化理念传承至今。而中国的茶文化就是从这一主体文化中衍生出来的。

首先"和"在茶自身特性有着充分的体现，"和"在茶的生长环境、采摘时间上都有所体现。正由于茶生长在山野之中，吸取甘露精华，味道苦尽甘来，使得茶本身的特性是温和不刺激的，给人在视觉上的色泽、味觉上的味道和嗅觉上的气味都是温和舒缓的。而在采茶、制茶、泡茶、品饮等一系列茶事茶艺活动中，无论是选择茶具、还是品饮环境的选择，都无一不体现儒家"和"的思想及中庸之道。其次"和"在茶的社会功能上也有着重要体现。中国素来被冠之以"礼仪之邦"，由来已久的以茶示礼、客来敬茶，都体现了人们以礼待人、睦邻友好相互往来的风俗。

正是由于饮茶使人心境平和、心灵澄明、爱好和平，茶成为一种理想的媒介和寄托之物，以茶励志、悟道、修身便是实现这一内圣境界的重要途径。饮茶一方面可以促进人去内省，对自身有清醒的认知，修身养性；另一方面，可助人对世界有更清醒的认识。而茶礼也是儒家思想与茶文化结合的重要契机和表现形式之一。于是茶文化也被赋予了儒家文化里。上至朝廷统治，下到市井民间，儒家的礼表现在日常的茶礼、茶俗、茶事中的特征也很显著，中华民族历来的以茶代酒和来客敬茶的传统礼仪也是由来已久。不仅在国内，现在茶礼在我们的日常生活中被相对简化，但对礼的讲究和精神没有丝毫削弱反而增强了。上到大型茶话会，小到民俗中的客来敬茶，都是中国人讲究礼仪的表现。根据相关典籍对民间茶礼的记述，已传播到国外，对外国的茶礼也产生了重要影响，比如说韩国，茶礼依然在他们的日常生活中占据重要地位。

2. 道家：道法自然

道法自然，其中的自然指自己而然，自己如此，不是故意造作而为，也不是受外力的影响。中国茶文化崇尚自然简朴以及真善美的理想境界，是与道家的自然天道观和顺应自然的行为原则一脉相承的。

道家认为天地人三者之间的地位是平等的，也就是其三才思想的体现。人定胜天，人可以主宰自己的命运，不受天的奴役。另一方面，也要顺应自然，认识自然，不能违背自然规律。道家在茶中也体悟到了"人法地、地法天、天法道、道法自然"，就茶的自然属性和生长环境来看，茶生于山野树林，汲取山川之滋养，吸收日月之精华，茶蕴含的特性，也体现了道家淡泊宁静和返璞归真的风骨。另一方面，中国传统文人士大夫普遍遵循的处世哲学便是"穷则独善其身，达则兼济天下"，这也就决定了尤其当文人士大夫们在仕途上受挫遭遇不顺，无法施展自己的人生抱负深感壮志难酬之际，这时候道家淡泊名利、回归自然的思想无疑成为他们抚慰和安顿身心的一剂良药。道家思想对文人士大夫的影响便逐渐加深了，不但不与他们从前接受的正统的儒家思想教育有所冲突，反而有所补益。体现在文学作品中，无论是书画还是诗词，尤其是茶诗中与茶有关的山水茗茶的描写，都以茶为媒介，寄托其对山水的喜爱、忘情与融合的理想追求。

道家养生观的指导思想是尊生养生，认为人在现世的一生要主动去顺应自然，与自然相融合为一，达到天人合一的理想境界。不应消极地寄望于来生，而应该让自己的现世过得更加快乐，也认为人生本就是一次快乐的体验。茶的物理特性很多，可以解毒、健体、养生、清心、修身。道家认为茶是草中的英华之物，品饮它可以治疗疾病达到养生的目的，而道家主张的致虚守静的静修观，与茶的清洁特性合二为一，通过茶来提升自己静修的境界，茶也成了道家在修行的过程中不可或缺的东西。

3. 释家：禅茶一味

西汉末年，佛教传入我国，此后六祖慧能在印度佛教中融入了中国道家、儒家的文化，形成了具有中国特色的佛教，也就是禅宗。"即心即佛，见性成佛，无念无往，顿悟成性"的理念对禅茶的形成有着重要的影响。而早在汉代的文献记载里就可以发现茶的踪迹。二者的结合有其历史和时间的可能性。禅茶的结合，体现了禅宗"明心见性，直指人心"的顿悟观，参禅悟道都是从细小的生活体验里得来的。而禅宗"一切众生，皆有佛性"的主张也就是表明了世间万物都蕴含着佛法，世间万物都可以成佛也都可以成为参禅悟道的载体。而汲取山川的灵气，吸收日月之精华的茶，其性清洁，助人通达大道。

另一方面，茶叶苦中又带着微甜，具有提神醒脑、生津止渴的功效，而其中所含有的维生素等营养物质，也能为人体提供一定的体力支撑。佛教森严的戒律决定了其戒、定、慧的修行方式，佛教僧人要求不得饮酒、不得吃荤，只能吃素。不仅如此，他们还强调过午不食。借助这一系列的僧规戒律来达到修行的目的。但是，长时间的坐禅不活动加上过午不食的饥饿感容易使僧人困倦疲倦，为此僧人们苦恼不已。茶的破睡功能便成为禅与茶结合的重要契机了。在饮茶的过程中，僧人逐渐从茶的清洁之性中体悟到了其有助于出家之人修炼淡泊宁静超脱的人生态度。由此，佛家对茶的认识超越其物理功能而升华到了精神文化层面，通过不断地提炼和体悟，最终提出了禅茶一味的理念。

【活动一】讲一讲你身边的关于茶的小故事。

二、茶的作用

（一）茶叶的主要功效（图1.1）

消炎

防龋齿

软化血管

防癌、抗癌

抗菌、抗病毒

去除嘴唇疱疹

分解烟草中的毒素

提神醒脑、清热解毒

图1.1　茶叶的功效示意图

（二）茶的功效及禁忌

（1）绿茶

功效：提神清心、清热解暑、消食化痰、去腻减肥、降火明目。

禁忌：忌空腹喝茶，肝脏病人忌喝，胃寒的人不宜喝。

（2）红茶

功效：帮助胃肠消化、促进食欲，可利尿、消除水肿，有养胃的功效。

禁忌：胃热的人不宜喝；结石患者或者正在服药的，也不能喝。

（3）普洱茶

功效：降低血脂、减肥、抑菌助消化、暖胃、生津、止渴、醒酒解毒等多种功效。

禁忌：低血压低血糖患者、缺铁性贫血、神经衰弱、活动性胃溃疡患者、体质虚寒者不宜过量饮用；胃不好的人忌喝生普洱，喝熟普洱可养胃。

（4）铁观音

功效：除具有一般茶叶的保健功能外，还具有抗衰老、抗动脉硬化、防治糖尿病、减肥健美、防治龋齿、清热降火、敌烟醒酒等功效。

禁忌：心脏病、高血压患者忌喝，避免诱发或加重病情；空腹忌喝，胃不好的人少喝。

（5）枸杞茶

功效：肝肾阴虚、头晕目眩、视物昏花、面色暗黄、须发枯黄、腰膝酸软。

禁忌：正在感冒发烧、身体有炎症、腹泻的病人、高血压患者最好别喝。

【活动二】给身边的人普及一下茶的功效吧。

三、茶的种类

茶的种类见表1.2。

表 1.2　茶的种类

茶叶六大种类			
类型	特征	口感	主要品种
绿茶	色清 不发酵茶	清新 醇和	杭州龙井、苏州碧螺春、岳阳毛尖等
红茶	红汤 发酵茶	醇厚 隽永	祁红、滇红、宁红等
乌龙茶（青茶）	半发酵茶	醇厚 回甘	武夷岩茶、冻顶乌龙茶、潮州凤凰单丛等
白茶	黄绿清澈 轻微发酵茶	清淡回甘	白牡丹、白毫银针、寿眉等
黄茶	黄叶黄汤 非酶性氧化的微酵茶	清香纯和	君山银针、远安黄茶、平阳黄汤等
黑茶	红艳明净 非酶性后发酵茶	回味甘甜	湖南安化千两茶、青砖茶、云南普洱砖茶等

（1）绿茶：六大茶类中知名度最高的一类。自古为世人所知的名茶，多数都是绿茶，比如龙井、毛峰、瓜片、碧螺春等。

（2）红茶：我国第二大茶类，声名远播海外。著名的正山小种、祁红即是属于此类，加工过程中需要发酵。

（3）青茶：青茶即乌龙茶。著名的安溪铁观音即是属乌龙茶类。由于其工艺特点，乌龙茶叶底经常会出现"绿叶红镶边"的情况。

（4）白茶：六大茶类中制作工艺最简单的一类。鲜叶经采摘之后，不经杀青或揉捻，只经晾晒或文火干燥制成。白毫银针、寿眉等属于此类。

（5）黄茶：可能是六大茶类里存在感最低的一类。其加工工艺类似于绿茶，只是多了一道"闷黄"的工艺。

（6）黑茶：近几年异军突起的茶叶新贵，以六堡茶和安化黑茶为代表。属后发酵茶，通常以紧压茶的形态出现，比如砖茶、饼茶、金瓜等。

【活动三】你还知道哪些茶？观察身边的茶叶，闻一闻，尝一尝，它们有什么不同？请收集好相关资料填在表格里。

图片				……
名称				……
形状				……
颜色				……
味道				……

四、茶的制作

把一片叶子变成茶可不是简简单单的事情，让我们走进茶场，一起看看制茶的流程（图 1.2）。

采茶：在树叶上将茶叶采摘下来。

萎凋：摊晒或蒸散以减少水分。

杀青：高温去味、去水分。

揉捻：使茶汁在冲泡时易溶于茶汤。

晒青：在太阳光下自然晒干。

包装：把制好的茶叶称重、包装。

图 1.2　制茶的流程

（1）采摘

采摘是用食指与拇指挟住叶间幼梗的中部，借两指的弹力将茶叶折断。

（2）萎凋

采摘下来的茶青于日光下摊晒，或利用热风使茶青水分适度蒸散，减少细胞水分含量，降低其活性并除去细胞膜的半透性。

（3）炒青

茶青萎凋至适当程度即以高温炒青，可除去鲜叶中的臭青味，而鲜叶亦因水分的蒸散而便于揉捻。

（4）揉捻

将炒青后之茶叶置入揉捻机内，使其滚动并形成卷曲状，由于受到揉压，因此遂有部分汁液被挤出而粘附于表面，如此在冲泡时便可很容易地溶解于茶汤之中。不同的茶其揉捻程度也不一样。

（5）团揉

团揉是以布巾包裹茶叶使其成为一圆球状，再以手工或布球揉捻机来回搓压，并不时将茶叶摊开打散以散热，团揉过后的茶叶茶身将更为紧结而形成半球形或球形茶。

（6）渥堆

一般茶青制作到揉捻已算告一段落，剩下的只是干燥，但后发酵茶在杀青、揉捻后有堆放的过程称为渥堆，也就是将揉捻过的茶青堆积存放，由于茶青水分颇高，堆放后会发热，且引发了微生物的生长，因为热度与微生物关系，使茶青产生了另一种发酵，茶质被降解而变得醇和，颜色被氧化而变得深红，这就是所谓的普洱茶。

（7）干燥

干燥是利用干燥机以热风烘干揉捻，使其含水量低于百分之四，利于贮藏运销。

（8）紧压

紧压就是把制成的茶蒸软后加压成块状，这样茶就被称为"紧压茶"，除便于运输、贮藏外，蒸、压、放的过程中也会为茶塑造出另一种老成、粗犷的风味。

（9）蒸

利用高温、高压、蒸气将茶蒸热，使梗、叶变软，以利压制成形。

（10）压

利用茶叶本身的胶质使叶子紧密联结在一起，稳定了陈放期间受潮、陈化的速度。

（11）放

继续紧压前一些成分的降解与陈化，使茶质变得更醇厚。紧压茶的陈放年份是决定市价很重要的因素，当然陈放的品质也很重要。

【活动四】请以小组为单位进行合作，感受制茶的每一步骤。

第二节 茶壶的认识与制作

一、认识茶壶

饮茶，离不开茶壶。茶壶是泡茶的重要工具。

茶壶一般由壶身、壶嘴、壶盖、壶把手四部分构成（图 1.3）。

壶盖

壶嘴

壶把手

壶身

图 1.3 茶壶的构造

【活动五】观察身边的茶壶并完成学习单。

【活动六】根据你对茶壶的了解，请你设计一个茶壶，注意不仅要关注外部造型，也要关注内部结构哦！

学习单

一、观察并判断：

1.小组里的这把茶壶外形是（　　　）

A.圆器　　　　B.方器　　　　C.塑器

2.小组里的这把茶壶把手造型是（　　　）

A.侧提壶　　B.提梁壶　　C.飞天壶　　D.握把壶

二、测量并记录：

1.这把壶的长宽高数据分别是多少？

长（　　　）cm、宽（　　　）cm、高（　　　）cm

2.这把壶的壶嘴高度是多少？

（　　　）cm

3.这把壶装水的容量是多少？

（　　　）mL

三、感知并描述：

1.写一写，你还发现了哪些特征？

2.写一写或者画一画，你认为这把壶最精妙的地方在哪里？

二、制作茶壶

茶壶的制作如图 1.4 所示。

打泥片　　　　　　围身筒　　　　　　上底片　　　　完成的壶把、壶嘴

开底　　　　　　　安装壶把　　　　　开好的嘴孔　　　　做好的壶盖

图 1.4　茶壶的制作流程

【活动七】和小组的同学们分工合作，用泥完成茶壶的制作。

第二章 巴文化物象研习

前 言

巴山蜀水，钟灵毓秀；巴蜀大地，锦绣天府；巴蜀文化，源远流长。巴是一个古老的国度；巴人，一个传奇的过往；巴地，一块腾飞的热土。

文化是民族的血脉，是人民的精神家园。文化自信是更基本、更深层、更持久的力量。中华文化独一无二的理念、智慧、气度、神韵，增添了中国人民和中华民族内心深处的自信和自豪，要努力争做巴文化的小小传承者。

本章让我们一起走进巴国，了解巴人，学习巴文化。

第一节 巴国与巴人的认识

一、巴文化的历史

巴文化是巴国王族和巴地各族共同创造的全部物质文化、精神文化及其社会结构的总和。

战国以前的巴文化主要包括巴国文化和巴地文化两个方面。巴国文化主要以汉水上游为基本地域依托。春秋时代，巴国文化有所扩展，南及大巴山北缘，东至襄阳；战国初，巴国举国南迁至长江干流，先后在清江、川峡之间至川东立国。这几个地方，留下了巴国文化的大量遗迹。巴地文化则指四川东部（含重庆）、陕西南部、贵州北部和鄂西南的土著新石器文化，考古学上将之称为早期巴文化。

巴文化完整意义的形成，最早可追溯到战国初期。巴国溯江进入川东山峡，将青铜文化与当地的土著新石器文化融合起来，也将巴国文化与巴地文化融合起来，这才形成了完整意义的巴文化。

巴文化的内容非常丰富。其中以巴渝舞、巴乡清、巴人风情、巴人神话最为典型。

巴人是我国上古时期重要的一支族群，其所建立的巴国是上古时期一个重要的地域文明。据专家学者考证，巴国的地域范围大体界定在重庆全境、北起汉水、南至鄂西清江流域、东至宜昌、西达川东的地区。

从公元 12 世纪开始，巴地的族人从陕西的城固开始，经过安康，再到湖北的襄阳，随后又折回巴东、鱼复（今奉节），溯江而上，抵上江州（今重庆），最后到达阆中。

春秋战国之际向西发展，以巴中、达州、重庆地区为中心，建立了巴国，逐步创造了自己的文化。在部落迁徙的过程中，巴人的文化得以沿途传播，也得以与其他部落进行交流。巴文化与楚文化在秦汉统一以后，开始融入华夏文化。这种多元文化特质的传播脉络一直延续至今，成为连接古今巴文化的重要纽带。

巴人是一支迁徙的族群。对于巴人的起源研究，学界一般认为其最早活动在今鄂西、渝东一带的清江流域。持巴人源于清江一带观点的学者，认为其活动区域及迁徙路线大致为：清江流域→湖北西部→重庆东部→汉水流域→四川东部→重庆一带。

【活动一】请整理巴人的主要活动区域。

二、巴国故事

古代巴国，历史悠久，文化独特。

古代巴人，勤劳勇敢，骁勇善战。

在众多的巴人故事中，最能代表巴文化特征的有两个故事。

（一）巴之神

古时候，武落钟离山崩裂，生成两处天然洞穴，一处幽暗如水，名叫"水洞"；一处赤红如火，名叫"火洞"。

水洞宽阔深广，樊氏、晖氏、相氏和郑氏都在洞内栖居。唯有巴氏，世世代代在火洞繁衍。

巴氏的务相出生在火洞中央。他出生时，天空降下金色光球，整座山弥漫着柚子花的芳香。务相哭声洪亮，体格健壮，他童年时，武落钟离山还没有君主。五个部族各自散居，虽然信奉一样的鬼神，但从来不在一起祭祀。务相长大成人，恰逢食物紧缺，五族纷争，经常吵闹打架，打得头破血流、断胳膊断腿。可是，问题总得不到解决。

巴之神

粮仓应该由谁管理呢？纠纷由谁裁决？

五个部族聚在水边商议，决定选一位有本领的人当"廪君"。

于是，五个部族各推选出一位年青人，五人拔出身上的佩剑，朝白石掷去。樊氏、晖氏、相氏、郑氏的剑都掉落下来，唯有务相的佩剑掷中白石，深深嵌入石缝，在山风中，铮铮鸣唱。

众人高声喝彩，不过，考验没有完结。接下来，长老宣布："谁的船能一直浮水，谁就是我们的廪君。"

于是，五位年青人继续比赛，各造出一艘雕花的泥船。

泥船下水的日子，阳光明媚，风行水面。樊氏、晖氏、相氏、郑氏的泥船相继漏水、沉没了。唯有务相的雕花泥船仍在水面航行，他扬起风帆，驶向远处，又驶回来。

人们欢悦地歌唱，涌到水边，把兰桂编成的花冠高高戴在他的头顶。就这样，务相成为"廪君"，当上了武落钟离山的君主。

廪君组建军队，教他们击剑；又组织船工，制造不会沉没的土船。

没过多久，军队强大了，可以远航的船队也造好了。于是，廪君把粮食运到船上，带领众人坐上航船，离开武落钟离山，寻找更丰饶的国土。

他们顺着清江，沿江而下，来到盐阳。在盐阳，廪君遇到盐水女神。盐水女神与廪君年纪相当，容貌十分秀美。她一见到廪君，就爱上了廪君。

盐水女神为廪君献上鱼和盐："英俊的廪君，停下你的脚步，和我共同生活吧！这里物产丰富，有鱼，也有盐。"

廪君不为所动，盐阳地方太小了，他向往更丰饶的国土。

然而，盐水女神无法忘记廪君。夜幕降临，她悄悄来到廪君的花船，钻入廪君的被窝，和廪君共枕同眠。

不过，天一亮，盐水女神就离开廪君，飞上高空，变成飞虫。她发出"唧唧嗡嗡"的鸣唱，召集当地水泽的神灵。神灵们听到盐水女神召唤，也纷纷飞到空中，它们结成虫阵，"唧唧嗡嗡""唧唧嗡嗡"……，

不一会儿，就完全遮蔽了天上的太阳。"唧唧嗡嗡""唧唧嗡嗡"，天地昏暗，廪君分不清南北西东，不能解缆起航。

盐水女神

一天，两天，三天……一连七天，廪君的船队滞留盐阳，无法前行。

第七个夜晚，廪君对怀中的女神说："解散你的飞虫阵吧！明天我必须离去。如果你乐意，我带你一起走。"

盐水女神得意地亲吻廪君，以为廪君开始屈服，只要继续布虫阵绊住廪君，他就会留下来。

第十天，晨曦初露，廪君剪下一缕青丝，送给盐水女神："请把这段情丝结在身上，我愿与你同生共死。"

盐水女神无限欢喜，接过那缕青丝，珍重地系在颈项上。然后，她张开双手，生出羽翼，飞上高空，"唧唧嗡嗡""唧唧嗡嗡"……远远近近，所有的神灵都追随女神，飞上高空，布成虫阵。天地霎时昏暗。

廪君涉水上岸，岸上有阴阳两石，他跪在阳石上，弯弓搭箭，瞄准在风中飘扬的青丝，"嗖"一声，射出一支箭。

"哎哟！"

飞虫轰然惊散，天空豁然开朗，蓝天丽日显现出来，浮云洁白晴明。

盐水女神前胸中箭，在风中徐徐飘落，坠入水中。

廪君连忙收起弓箭，跳入江水，抱起盐水女神。然而，神光寂灭，羽翼消失，中箭之后，盐水女神昏迷不醒，她完全失去了神性与法力。醒来后，永生的神死去了，盐水女神变成了一位寻常的人间女子。

廪君带领他的族人，也带上这位女子，乘上雕花土船，继续航行。他们一路上行，最终到达夷城，那里有一个大河湾，高山流水，沃野千里。船队停下来，廪君上岸观望，只见高山雄峻，石岸弯曲，远远看去，仿佛天然的洞穴。

廪君叹息说："我刚从坑里出去，现在又要住进另一个坑，难道，这就是命运吗？"

话音刚落，"轰隆隆……轰隆隆……"石岸崩裂，露出三丈宽的缺口，一道阶梯显现出来，梯梯相连，一直通到石岸的高处，仿佛向廪君发出邀请。

廪君于是舍船登陆，他带领着族人，在这里落地生根，他们依山傍水，修筑城市，组建乡村。廪君和从盐阳带来的女子结了婚，从此子孙繁衍，人丁兴旺。

（二）巴之魂

战国时，重庆地属巴国。巴国因与楚分居长江中上游一带，且都被中原视为蛮夷之地，因此既为盟友又为敌国，两国之间互有征伐，也曾合作共同抵抗其他国家。大约公元前4世纪，巴国国力日趋衰弱。胸忍（今万州一带）发生叛乱，权贵挟制巴国国君，百姓流离失所。巴蔓子将军苦于兵少粮缺，无力平叛，于是连夜驰往楚国，请求楚国派兵相助。楚王不肯，巴蔓子无奈之下允诺割让三城，楚王

巴蔓子将军雕塑

为利所诱答应派兵，但同时要求以巴国王子作为人质。因军情紧急，巴蔓子慷慨立誓，叛乱平定后若不割城当提头来见。

于是楚王立即出兵平叛。叛乱平息后，楚王派使者要求巴蔓子践行诺言割让三城。巴蔓子认为，国土为国之根本，身为人臣不能背着国主私自割城给外国。但君子一诺千金，又岂能食言而肥。两难之下，巴蔓子宁愿一死，以谢食言之罪。然后，他就拔剑自刎。立时，鲜血喷涌，而其身躯却虎立不倒。楚使无奈，只得装好巴蔓子的头颅回楚复命。面对如此义举，楚王也唏嘘感叹，如果楚得到这样的忠臣，还要几座城池干什么。于是，下令予以巴蔓子上卿之礼，将其头颅埋葬在楚地荆门山南，让其日夜守望故土。

消息传至巴国，举国百姓无不悲恸。巴王命人厚葬巴蔓子，并将其无头尸身葬于巴国都城江州（即重庆）七星岗莲花池。从此，巴蔓子便成了巴人护国爱民、舍生取义的人格化身。三国时，张飞打败巴郡太守严颜后要求其投降，严颜慨然道："我巴国自古只有砍头将军，绝无投降将军。"张飞深为感动，于是释放了他。这里的砍头将军即指巴蔓子，可见其精神垂范。唐贞观年间，太宗感佩巴蔓子和严颜的忠义，于是将巴蔓子出生地临江县改名为忠州，即重庆忠县。

巴蔓子一事原为巴国百姓口耳相传，其见于书志乃是晋朝常璩的《华阳国志》，其后便广泛见于笔记县志。巴蔓子虽死，其爱国守义的精魂永远垂范后世！

【活动二】寻找巴人故事，制作成手抄报。
【活动三】巴国探秘。请各小组根据收集到的巴人故事进行"情境再现"。
【活动四】巴蔓子将军头像，石膏翻模。

巴蔓子将军头像，石膏翻模制作流程：

（1）在翻制泥塑雕像之前先确立分块部位，在不影响正面造型的前提下，一般划分位置以侧面中心线偏后的高点为宜，以防止后续模具错位，也便于取泥。

（2）选用的插片材料为薄铁皮或塑料垫板，剪裁成宽 2 cm 左右的梯形即可，插入泥中，要注意对齐和高低平整，随后在插片的边缘围上泥条，便于在分模打开时辨别插片的位置，又能用钳子夹住取出插片。

（3）准备好塑料盆，先放置清水（石膏粉与水的比例约为 100：80），再将石膏粉均匀地撒入，待石膏充分吸收水分后，顺势轻轻搅拌，混合调匀，避免产生结块。

（4）石膏一般会在 5~15 分钟后凝结，所以要控制时间，将调好的石膏浆用手向泥塑上撩洒，可从正面开始。撩洒石膏浆时要边撩边吹气，防止气泡的产生。如此层层撩洒，直至所需厚度，一般为 1.5 cm 左右，对于体量大的雕塑，厚度可适当加大。

（5）撩洒石膏浆时要防止薄厚不匀，影响模子的强度。要做到这一点就要对雕像的高低心中有数，越是雕像的高点越要注意别洒薄了，因为石膏的高点不易挂住浆，很容易撩薄了，厚度基本到位后，外部用木棍和麻丝加固，这是防止开模时石膏模断裂。开模时自上而下，用不锋利的刀子插入分块处的缝隙内，少量加水模块易松动。

（6）模子开启后挖出泥巴，取出雕塑的支架，用水洗净模子内壁，然后刷上肥皂水作隔离剂（润滑剂类）。待石膏模干燥后，再合上模子，在模子外用石膏粘牢并捆好。

（7）准备石膏浆，按比例调均匀后，灌入模具，灌入石膏外模时要注意均匀摇动，让石膏均匀地附在模具上，一般内模的厚度为 1~1.5 cm。在颈部位置可用麻丝类蘸上石膏浆加厚以增加强度。在底部或一些较薄的地方可以用棕丝浸上石膏浆以加固，内模完成后，待全部凝固后，可用平口凿子打去外模，开凿的时候可以从背后不重要的地方开始，顺手了再移到眼鼻处，外模全部打去，内模形象就呈现出来了。

巴蔓子将军石膏头像制作

思考：亲爱的同学，你从廪君的故事和巴蔓子将军的故事中感悟了古代巴人的哪些精神？巴文化的哪些特征？

第二节　巴人剑的铸造

一、巴人剑的认识与铸造

巴人尚武，颇好用剑。巴人剑主要有两种形式。其剑身基部常著刻象形的图文，常见的有虎纹、花蒂纹、鸟纹、蝉纹等。

第一种形式剑身呈柳叶形，中脊或凸起成圆柱形，两侧常带有血槽；扁茎斜肩，肩部有穿孔，多为两个，茎末端的一个孔在中脊线上，近剑刃的一个孔则偏于中脊一侧，少数剑则只有一个穿孔；长度多数在 30~45 厘米，少数超过 50 厘米，个别剑甚至长达 60 余厘米。

第二种形式剑身呈柳叶形，无圆柱形脊或血槽；扁茎斜肩，茎部有两个穿孔，都位于中脊线上；长度约为 30 厘米。

短小的巴人剑主要用于远距离投掷或近距离格斗。

兵器是巴渝舞的主要道具。巴文化是有别于中原文化的地方性文化，兵器种类与范式受中原文化的映射，但因区域环境条件的影响，颇具地方特色。根据长短分有以下几种：

（一）柳叶形青铜剑

柳叶形青铜剑，全剑呈柳叶形，刃平直，有中脊，扁茎无格，无首无镡，茎部多有 1 至 2 个小圆孔，便于夹以竹或木片，上钨钉，用细绳缠绕以装置手柄。它属于短兵器中的卫体型武器，长度一般在 30~40 厘米，直装木把手，剑身有虎皮斑纹，身茎相接处一般铸有"巴蜀图语"，有卫体、远掷等功用。这种剑的劣势在于它形制上的原始性：无格不能护手，夹板式的附加手柄手握不力，使用起来明显不便。在中原文化影响逐渐加强的形势下，又出现了改装式剑，改装式剑的基本形制未变，只是身茎交接处成直角，再加上格，具备了护手的功用。从巴国的历史来看，春秋战国以来，巴国与楚国战事频繁，但终因国力相差悬殊而处于屡战屡败的境地，最后被迫入川，在湖北襄阳、枝江、巴东等地均出土过巴式柳叶形剑等兵器。

（二）袋形青铜剑鞘

这种剑鞘的鞘侧附双耳，中间有凹槽，分两个剑室以容双剑，鞘面多有纹饰。纹饰主要是一种原始图腾的崇拜，表达了人们祈求胜利的美好意愿。

（三）短弓形耳青铜矛

短弓形耳矛，矛身呈叶形，前锋，边刃，有中脊，身末端与圆形短骹相接，骹上两侧有弓形耳一对，多铸有"巴蜀国语"。矛一般长 20~30 厘米。它属于长兵器中的刺杀兵器，此类型矛较之四川彭县竹瓦街所出土的"身长大而形如宽叶，身后圆曲与骹相接"的矛有所区别。其形体瘦俊，减少刺杀阻力而更为实用。骹上直装木质以攻击敌人。

（四）圆刃平肩折腰青铜钺

这种兵器俗称烟荷包式钺。圆刃长身，中部内凹，刃呈扇形，中部折收成腰，腰以上稍展成肩，肩以上内收作长銎，銎较小，銎口呈椭圆形或长方形。器身呈长方形，钺长超过钺宽，器身铸有"巴蜀图语"字样。在纹饰、符号方面，一般是在铸成后，以浅而细的阴线加刻一个单符或较简单的组合符号，具有某种徽识的性质，表意性并不突出，更多的素面无纹。它属于长兵器中的刺杀兵器，骹上直装木质长柄用来攻击敌人之用。青铜钺已经是巴地较为普通和普遍的武器。故宫博物院的杜廼松先生研究指出："铜钺的造型具有一定的地域性，根据巴蜀文化地区中所出土的铜钺推考，其是巴蜀文化的典型器物，出土数量多，地域广阔。"冯汉骥先生研究认为："凡是巴人的墓葬，必定有铜钺出土。"

（五）无胡青铜戈

这种兵器戈援作三角形或略作梯形，援身较宽，前锋呈尖突状，有边刃，援中部有一大圆穿，近栏处另有小穿，有弧形处于援与内相接位置，方内，内上多穿。戈是长兵器中的勾击兵器，横装木质长柄，用来勾、啄击敌人。长戈在 2.5~3 m，短戈长度有 1 m 左右。短戈虽较短，但律之用途，仍归在长兵器之类。

（六）板盾

材质为木盾，圆形，外凸内凹。盾的外面包有直径 30~40 厘米的铜质薄形盘状装饰物。在舞戈、矛、剑、弩的时候，舞者都离不开盾。进击道具与防御道具的配合挥舞，既显示出雄师锐气，又符合兵法常理。

二、巴渝舞

巴渝舞，是古代巴渝地区民间武舞，是中国古代最有影响的战前舞，即武舞。

中国古代典籍记载最古老的音乐创作产生于巴地。巴渝舞来源于商末巴师伐纣时的"前歌后舞"。巴渝舞特点：舞风刚烈，音乐铿锵有力，属武舞、战舞类型。"剑弩齐列，戈矛为之始。进退疾鹰鹞，龙战而弱起，退若激，进若飞。五声协，八音谐。"由此可见，巴渝舞惊心动魄的艺术效果。《左传》载 3000 年前"周武王伐纣，巴师勇锐，歌舞以凌殷人。故曰：武王伐纣前戈后舞。"这里对"巴师歌舞"并未命名，直到秦汉相争时汉王朝再次将此舞用于战斗之中，在冲锋陷阵时"锐气喜舞，武帝善之曰'此武王伐纣之歌舞也，乃令乐人习学之，今所谓巴渝舞也'"。这是巴渝舞之名在史书上正式提出。

汉初，巴渝舞被刘邦移入宫中，成为宫廷乐舞，既供宫中观赏，也成为接待各国使节贵宾的乐舞，还成为王朝祭祀乐舞，天子丧礼乐舞。那时巴渝舞几乎成了国家乐舞。三国曹魏时巴渝舞更名为"昭武舞"，西晋时将"昭武舞"易名为"宣武舞"。唐时，巴渝舞仍为宫廷乐舞之一，唐以后，巴渝舞便从宫廷乐舞中消失了。尽管如此，在民间，巴渝舞遗风犹存，重庆地区、四川东部地区巴人后裔的踏蹄舞、摆手舞、腰鼓舞、盾牌舞，就是古代巴渝舞的流变，薅草锣鼓、花鼓调、花灯调、莲花落、川剧帮腔、川江号子、船工号子、劳动号子、翻山铰子等都和巴渝舞曲密不可分。

巴渝舞曲具有代表性的有四篇：一曰矛渝，二曰安弩，三曰安台，四曰行辞。巴渝舞的基本形式是"执仗而舞"。"仗"，兵器，"执仗"即执干戈；伴奏则是击鼓。班固《汉书》载："巴渝鼓员，三十六人。"他讲的是宫廷燕乐的巴渝舞，征伐战场上的巴渝舞，有多少人战斗，就有多少人歌舞。在阵前拼杀者，执看挺戈，大声呼呵，后面伴奏者，则击鼓顿足，以增威势，这就是史书所为的"前歌后舞"。司马相如在《子虚赋》中这样描绘巴渝舞的壮观场面："千人唱，万人和，山陵为之震动，山谷为之荡波。"为了"耀武观兵"，朝廷接待"四夷使者"，便常常表演巴渝舞。

在《三国演义》第32集，有一段周瑜宴请刘备的戏，宴席中有一段舞蹈，就是巴渝舞。

周瑜瞒着诸葛亮打算在宴席中摔杯为号杀死刘备。此时诸葛亮在江边听到乐舞声中透出一股杀气，说："这是巴渝舞。"问鲁肃"帐中宴请何人？"，听到宴请的是刘备后不禁大惊失色惊呼："我主危矣！"急忙跑去，当看到刘备身旁站立的关羽时，松了口气擦了擦汗说道："我主无险矣。"周瑜因忌惮关羽，计划最终没有得逞。

电视剧《三国演义》巴渝舞剧照

【活动五】制作巴人剑。

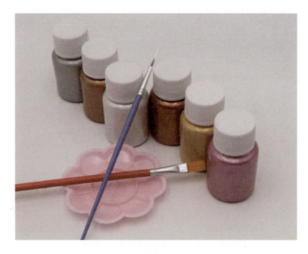

丙烯颜料

仿真巴人剑

上色步骤：

步骤1：物体最深处，点涂黑色丙烯颜料。

步骤2：物体凹处、缝隙处点涂绿色丙烯颜料，做出铜锈的效果。

步骤3：物体凸起处和最外部刷涂铜色丙烯颜料。

【活动六】学习巴渝舞。

使用制作好的巴人剑学习巴渝舞，通过巴渝舞的学习感受巴人忠勇信义的核心价值理念和乐观奔放的豪迈气质。

步骤1：选取音乐，编排巴渝舞动作。

步骤2：进行舞剑、队列练习。

步骤3：进行班级巴渝舞表演。

第三章 中国古代的智慧——榫卯

榫卯是中国智慧的产物，外观四称，含而不露，透着儒家的平和中庸。神奇的榫卯，整套家具甚至整幢房子不使用一根铁钉，却能使用几百年甚至上千年，堪称奇迹。

千年沉淀，薪火传承。榫卯实践课程，重塑匠人精神，折射传统文化的光辉，照耀未来创新与发展。榫卯课程体现了传统工艺与独特创意的结合，也体现了童心与匠心的交融。

本章我们将一起来了解榫卯，走进木工制作的天地，乐享木艺，启智创新，成就智造小鲁班！

第一节　初识榫卯

一、榫卯

榫卯是一种物体的结构特征，是一种技术方式。榫卯结构被称作结构之魂，在传统的"大木作""小木作"都有广泛使用。榫卯结构是相连接的两构件上采用的一种凹凸接合方式，凸出部分叫榫，凹进部分叫卯。传统榫卯结构在木结构建筑、家具、玩具等多方面都有广泛的应用，并且种类多样，

榫卯结构图

榫卯结构的房屋

形态各异。以中国古代明式家具为例，其常见的榫卯结构就有近百种，如夹头榫、抱肩榫、插肩榫、燕尾榫、龙凤榫等。

榫卯是极为精巧的发明，这种构件连接方式，使得中国传统的木结构成为超越了当代建筑排架、框架或者钢架的特殊柔性结构体，不但可以承受较大的荷载，而且允许产生一定的变形，在地震荷载下通过变形抵消一定的地震能量，减小结构的地震响应。

榫卯结构这种连接物体的技术，从中国古代传承到今天，普遍被用于建筑施工和家具制作。

榫卯结构具有一定的强度、韧性和变形能力，外形简洁，不仅有外在的工艺合理性，而且显示了中国文化的传统理念。榫卯结构精妙神奇，变化无穷，由简单的几个榫卯结构可以衍生变化出各种复杂的结构。

榫卯结构本身应用范围广，在不同的应用方面其技术侧重点也不同，建筑上侧重结构稳定，合拢时成为一个高强度完美的整体；家具中的榫卯结构则成就了中国含蓄内敛的审美观，当无数榫卯组合在一起时就会出现极其复杂而微妙的平衡；玩具注重通过实际缩小的结构形式起到益智的作用。

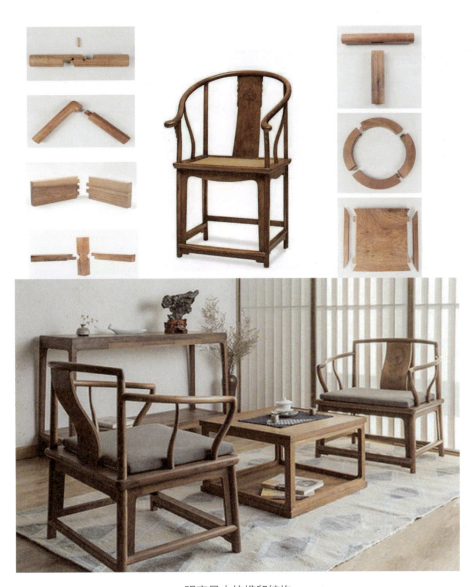

明家具中的榫卯结构

二、榫卯部件认识

几十种不同的榫卯，按构合作用来归类，大致可分为三大类型：

一类主要是作面与面的接合，也可以是两条边的拼合，还可以是面与边的交接构合。如槽口榫、企口榫、燕尾榫、穿带榫、扎榫等。

另一类是作为"点"的结构方法。主要用于作横竖材丁字结合，成角结合，交叉结合，以及直材和弧形材的伸延接合。如格肩榫、双榫、双夹榫、勾挂榫、锲钉榫、半榫、通榫等。

还有一类是将三个构件组合一起并相互连结的构造方法，这种方法除运用以上的一些榫卯联合结构外，还运用一些更为复杂和特殊的做法。如常见的有托角榫、长短榫、抱肩榫、粽角榫等。

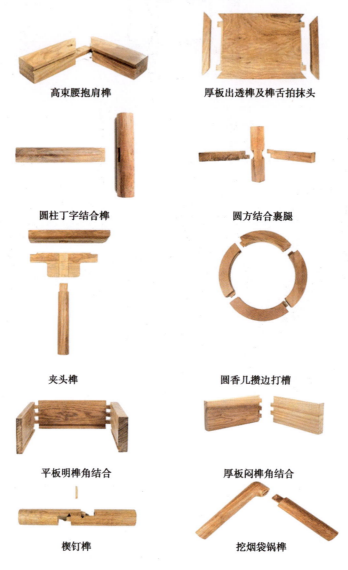

高束腰抱肩榫

厚板出透榫及榫舌拍抹头

圆柱丁字结合榫

圆方结合裹腿

夹头榫

圆香几攒边打槽

平板明榫角结合

厚板闷榫角结合

楔钉榫

挖烟袋锅榫

榫卯部件

【活动一】说一说你在哪些地方见过榫卯结构？榫卯结构有哪些特点？

第二节　智慧榫卯

一、榫卯结构的原理和特点

榫卯结构是榫和卯的结合，利用木件之间多与少、高与低、长与短之间的巧妙组合，可有效地限制木件向各个方向的扭动。具体特点如下：

（1）长久性。结构通过木构件间长短、高低以及曲直进行组合而成，这种组合对于稳固有着非常大的效果。

（2）以木质材料作为主材料。木质材料与金属材料有着非常大的区别，其在膨胀系数上相同，这样就不会因冬夏温度变化而使实木和钉子之间发生松动。

（3）抗震性。对于榫卯构件来说，如果发生地震，建筑物能够经过连接处的变形来吸收地震产生的能量，从而大大地降低地震对结构的损害，而且在震后重建的过程当中还能够对这些结构进行重复使用。

榫卯结构玩具

二、建筑中的榫卯结构

榫卯工艺，是中国工匠精神的传承。榫卯结构历史悠久，人类最早的榫卯工艺可以追溯到大约 7 000 年前的河姆渡遗址。他们在建筑房屋的时候，使用了大量的干阑式建筑，这种建筑使得房屋的稳固性提高不少，在此之后，我们古代有很多著名的建筑都是使用榫卯结构进行建筑的。如天津蓟县独乐寺观音阁、山西应县木塔等建筑，千百年来经历过多次地震仍傲然屹立。

榫卯是极为精巧的发明，这种不用钉子的构件连接方式，使得中国传统的木结构成为超越了当代建筑排架、框架或者钢架的特殊柔性结构体，不但可以承受较大的荷载，而且允许产生一定的变形，在地震荷载下通过变形吸收一定的地震能量，减小结构的地震响应。

榫卯工艺是传统木作最重要的设计语言。如今以现代人的角度再来看这些经典榫卯结构的工艺，仿佛重温曾惊艳世界的中国之美。

据统计，现存的榫卯结构样式有八十一种，其结构精细、样式繁杂。许多外国的建筑师也都在学习中国榫卯文化，以中国榫卯工艺设计的建筑物在世界十分受认可和欢迎。在中国，以榫卯工艺建成的代表建筑有：故宫、山西应县木塔、山西大同悬空寺等。

（一）故宫

故宫中有占地面积极其庞大的房屋建筑，榫卯结构能使其保持千年不倒。曾经有人专门测试过，那就是将故宫中的建筑，以一定的比例缩放之后得到的复制品，能够在实验室中经受起超过九级地震所带来的压力。而且在实现的过程中，复制品仍然保持着基座的稳定性，即使立柱会在强烈震动时发生摇晃，但是也能够在震动停止时保持稳定。要知道在故宫建造完成的几百年历史中，可是经历了大大小小几百次的地震灾害。纵观故宫建筑的损坏原因可以发现，绝大多数建筑损坏的原因都是因为火灾等所带来的影响。

榫卯结构建筑——故宫建筑

（二）山西应县木塔

应县木塔也叫释迦塔，建于辽，是中国现存最古老的一座木构塔式建筑，与意大利比萨斜塔、巴黎埃菲尔铁塔并称"世界三大奇塔"，是世界上最高的木塔。作为榫卯结构的杰出典范，应县木塔采用全木榫卯结构，无钉无铆。期间历经强烈地震、炮弹轰击仍然屹立不倒，堪称建筑史上的奇迹。

榫卯结构建筑——山西应县木塔

（三）山西大同悬空寺

悬空寺始建于北魏年间，是一座真正建在悬崖上的庙宇。这座寺庙历经千年风雨，却依旧屹立不倒，这和其精巧的建筑结构息息相关。其结构大量使用了全榫卯结构，不含一颗铁钉。悬空寺发展了我国的建筑传统和建筑风格，全寺为木质框架式结构，依照力学原理，以榫卯和半插横梁为基，巧借岩石暗托，梁柱上下一体，廊栏左右紧联，是"全球十大奇险建筑"之一。

三、家具中的榫卯结构

榫卯结构最早出现在家具上是春秋战国时期，明式家具是我国也是世界家具史的一个高峰，而榫卯结构则是明式家具的灵魂所在。

传统家具中蕴含着丰富的榫卯结构，我们也能感受到这些榫卯结构的

榫卯结构建筑——山西大同悬空寺

复杂和工艺的精巧。可以想象在没有现代化机械工具的情况下，古代匠人用那双灵巧且布满老茧的双手创造了多少精美的艺术品，伴随着每件家具的方与圆，榫卯之间严丝合缝浑然天成。家具的构件通过榫卯结构，相互连接，相互支撑，构成一个复杂而稳定的整体。同时，家具的造型设计也与榫卯结构紧密相关。家具不同的部位也采用不同的榫卯结构，各式造型同样通过榫卯来实现。

　　无论建筑还是家具，榫卯中蕴含着匠人们技艺的奇巧和无限的专注，是榫卯传达出相对直观的体验，也是每一件艺术品必要的品质。如果将传统榫卯结构的模型拿在手中，细细观摩亲自动手拼插组合，我们又会很快从对匠人技艺的叹服转移到对结构智巧的惊叹。榫卯一凸一凹之间严丝合缝，充分展现了匠人的无限专注。一阴一阳，一开一合同样凝结着华夏文明自然和谐的文化和智慧。

明榫卯结构家具

【活动二】你能发现生活中哪些家具和建筑运用了榫卯结构吗？

第三节　玩转榫卯

一、榫卯结构玩具——智慧鲁班锁

不同于建筑和家具，鲁班锁的榫卯结构更加独立，构成更加纯粹。鲁班锁充分利用了榫卯结构可逆的特性和凹凸互补的特点在拆装开合之间展现出榫卯更加纯粹的巧妙结构和几何逻辑。鲁班锁的外形单一但拆解结构变化莫测，结构的种类繁多，有着极为庞大的数学排列和组合。

鲁班锁的来历有两种说法，一种说法是鲁班给儿子制作的益智玩具；另一说法是诸葛亮根据阴阳八卦发明的。不管是哪种解释我们都可以感受到扑面而来的智慧。鲁班锁现有最早的记载是清代《鹅幻汇编》一书，这是一部关于戏法的书，书中鲁班锁也有一个很好听的名字——六子连芳。六根木棍榫卯相互啮合，开始接触的时候会有一种看似简单却不知其所以然的体验。鲁班锁很早就流传欧美，在西方曾风靡一时。1978年，美国人卡特在《娱乐数学》撰写《六根鲁班锁》一文并开始设计计算程序来分析鲁班锁。通过计算机模拟，传统六根鲁班锁结构的种类多达一百二十万种。实际的拼装组合因结构不同也导致拼装方式的不同，结构可谓千变万化。

作为玩具，与乐高注重的创造力培养不同，鲁班锁更倾向于逻辑性和启发性。这也是我国传统益智玩具的一大特色，鲁班锁、九连环、华容道、七巧板等都充分体现出我国的文化特色和对智慧的追求。我们更善于在逻辑中寻找规律协调各种关系并打破思维的限制。鲁班锁运用榫卯结构将六根木棍牢固的啮合在一起，像是打了一个木结，非常契合老子《道德经》第二十七章所述："善结无绳约而不可解"，充分体现了鲁班锁蕴含的独特文化和智慧。

以小见大，鲁班锁作为益智玩具给我们带来的远远不止娱乐，更蕴含了华夏文明的智慧和哲学。其中展现的便是天人合一、阴阳互补的和谐理念。从这一点我们也能更好地理解东方思维方式与西方思维的不同，榫卯从某种角度讲更像一种文化符号。

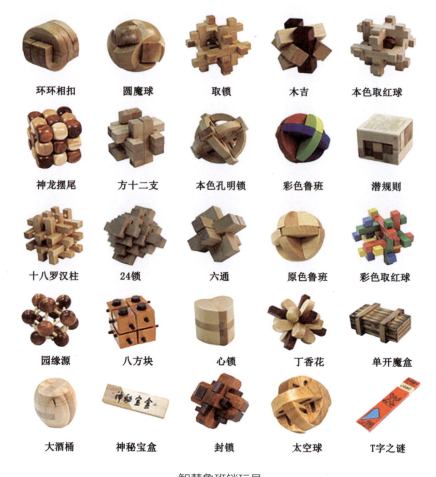

智慧鲁班锁玩具

（第一行）环环相扣　圆魔球　取锁　木吉　本色取红球

（第二行）神龙摆尾　方十二支　本色孔明锁　彩色鲁班　潜规则

（第三行）十八罗汉柱　24锁　六通　原色鲁班　彩色取红球

（第四行）园缘源　八方块　心锁　丁香花　单开魔盒

（第五行）大酒桶　神秘宝盒　封锁　太空球　T字之谜

【活动三】鲁班锁玩具闯关。

时间段	具体内容	教师活动	学生活动
3—8分钟	第一关：爱心锁1	颁布规则：在5分钟内，不损坏木质，小组计时取出爱心锁里面的神秘纸条，读出纸条上的字，以用时多少排名	组内合作，拆分爱心锁，取出里面的神秘纸条并读出
8—11分钟	第二关：爱心锁2	颁布规则：各小组在新的纸条上写上神秘文字，将爱心锁与其他组交换，在3分钟内，不损坏木质，小组计时取出爱心锁里面的神秘纸条，读出纸条上的字，以用时多少排名	组内分工，拆分爱心锁，取出里面的神秘纸条并读出

时间段	具体内容	教师活动	学生活动
11—14分钟	第三关：笼中取珠	颁布规则：3分钟内，不损坏木质，取出笼中珠子，小组计时取出爱心锁里面的神秘纸条，读出纸条上的字，以用时多少排名	组内合作，取出珠子
14—17分钟	第四关：多角球	颁布规则：3分钟内，不损坏木质，拆分组装多角球，以用时多少排名	小组合作，拆分组装多角球
17—20分钟	第五关：圆球	颁布规则：3分钟内，不损坏木质，拆分组装圆球，以用时多少排名	小组合作，拆分组装圆球

组装说明

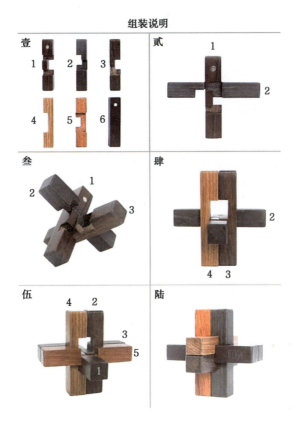

【活动四】组装垂花门。

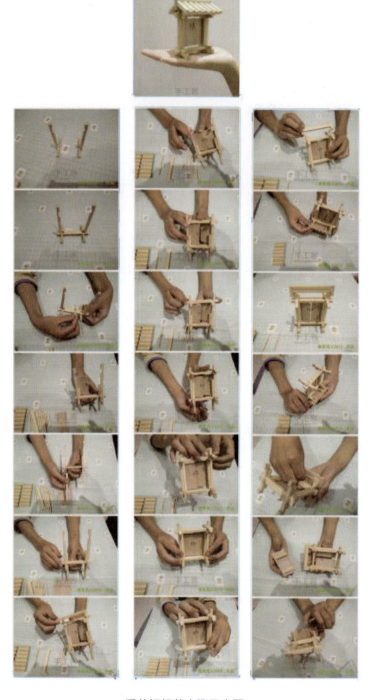

垂花门组装步骤示意图

【活动五】组装斗拱。

二、榫卯发展的高峰——斗拱

如果将榫卯结构比喻成乐高积木中最简单的基本单位，那么几块基本单位结合出来的就是中国古建筑中另一个大名鼎鼎的基础单位——斗拱。传说是鲁班发明了家具和建筑中的斗拱结构，在明代《鲁班经》里就有鲁班发明榫卯斗拱结构的记载。

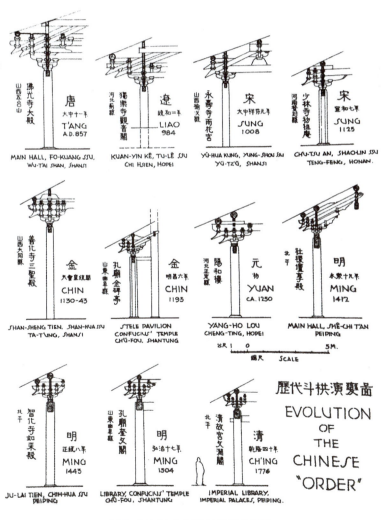

梁思成绘制《历代斗拱演变图》

斗拱初现于战国时期，在唐代发展成熟，后来成为皇家建筑的专业构造。至明清时期，则更多地承载起装饰作用。从梁思成先生绘制的《历代斗拱演变图》中可以明显看出斗拱作用与艺术风格的逐代变化。

（一）斗拱特点

斗拱上承屋顶，下接立柱，在中国古建筑中，扮演着顶天立地的角色。正因如此，斗拱是中国古建筑抗震能力的关键所在。俗话说"榫卯万年牢"，如遇地震，在斗拱的起承转合下，建筑体松而不散，能如太极般以柔克刚，巧妙化解地震冲击。

美观与实用的结合，是斗拱得以被广泛应用的关键。从故宫中随处可见的榫卯斗拱结构，到贝聿铭先生设计的北京香山饭店，乃至上海世博中国国家馆的大红斗拱造型，我们传承上千年的建筑理念从未断绝。

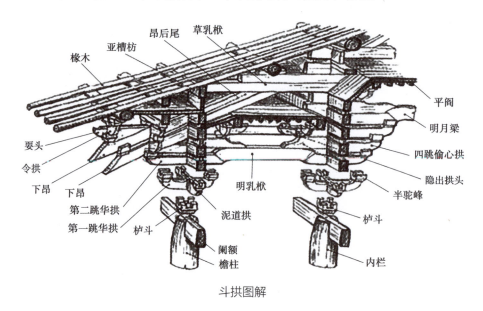

斗拱图解

斗拱独一无二的榫卯结构，繁复杂乱的拼接，左右对称的样式，都极具中式美学的鲜明特色。尽管斗拱的组成原则历代基本都无变化，但是类型和式样却十分繁杂，这表明其发展跟随着中国传统艺术"形每万变，神唯守一"的规律。

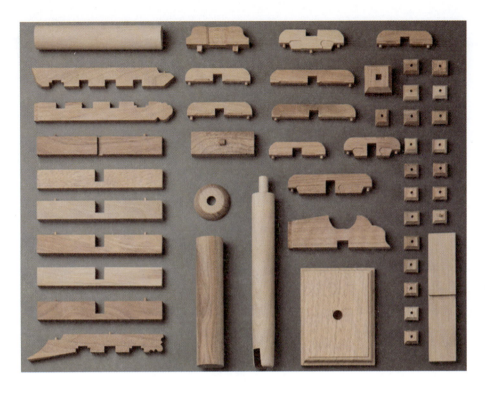

斗拱零件

（二）组装斗拱注意事项

（1）为保证斗拱组装顺利，在正式安装之前要进行"草验"即：试装。如果榫卯结合不严，要进行修理，使之符合榫卯结合的质量要求。

（2）试装好的斗拱要一攒一攒地打上记号，用绳临时捆起来，防止与其他斗拱混杂。

（3）正式安装时，将组装好的斗拱成攒地抵运安装现场，摆在对应位置。各间的平身科、柱头科、角科斗拱都运齐之后，即可进行安装。

组装好的斗拱

（4）斗拱安装，要以幢号为单位，平身科、柱头科、角科斗拱一起逐层进行。先安装第一层大斗，以及与大斗有关的垫拱板，然后再按照山面压檐面的构件组合规律逐层安装。安装时注意，草验过的斗拱拆开后要按原来的组合顺序重新组装，不要调换构件的位置。

（5）安装斗拱每层都要挂线，保证各攒、各层构件平、齐，有毛病的要及时进行修理。正心枋、内外拽枋、斜斗板、盖斗板等构件要同斗拱其他构件一起安装，安装到耍头一层时，柱头科要安装桃尖梁。

（6）斗拱安装，要保证翘、昂、耍头出入平齐，高低一致，各层构件结合严实，确保质量。

第四节　实用榫卯

【活动六】动手制作简易榫卯结构木凳。

（一）工具／原料

胡桃木、木铣刀、台锯、手锯、切割机、木工夹、刨子、尺子、砂纸、清漆等。

（二）制作步骤

设计与制图——取材与选料——下料与配料——净料与划线——打眼与开榫——截榫与塑形——组装与校准——净面与打磨。

（三）榫卯结构板凳设计

小板凳的外观造型成小长方形的设计，线条饱满顺畅，给人以一种好的视觉效果。要保留了原材料天然的纹理，自然美观，在精细的设计之中散发出一种浓浓的时尚气息。

（四）凳面拼板

净料在准不在光，要求最后整理好木料，直、平尺寸一致，直角精准。在净料过程中，最后要选好所用木料的两个基准面，标相交单墨线为下一步划线准备。

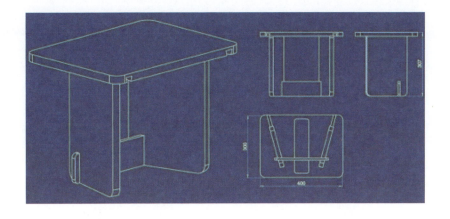

（五）木铣刀开槽

出于对传统家具以及榫卯工艺技术的崇拜，设计了这款通过榫卯结构连接起来的小凳子。制作工艺是传统的，造型上却做了改变，显得更加俏皮可爱。

（六）打眼和开槽，根据设计图打眼和开槽

塑形，把材板截取、整修成设计标准要求。这是完全依靠榫卯，不用胶水就能组装拆卸，而且还能保证一定牢固度的巧妙设计。

（七）完工

通过这款小板凳的制作，知道了制作简易榫卯结构小板凳的基本方法。制作起来可以很简单，也可以很复杂，因制造者的心情和兴趣而异。